SOUVENIRS

DES

ANTILLES.

IMPRIMERIE DE Mme HÉRISSANT LE DOUX.

SOUVENIRS
DES ANTILLES:

VOYAGE EN 1815 ET 1816, AUX ÉTATS-UNIS, ET DANS L'ARCHIPEL CARAÏBE;

APERÇU DE PHILADELPHIE ET NEW-YORCK;

Descriptions de la Trinidad, la Grenade, Saint-Vincent, Sainte-Lucie, Martinique, Guadeloupe, Marie-Galante, Saint-Christophe, Sainte-Croix et Saint-Thomas.

All things smil'd;
With fragrancy and joy my hearth over flow'd.

Par M....

TOME SECOND.

PARIS,
CHEZ GIDE FILS, LIBRAIRE,
RUE SAINT-MARC, N° 20.

181[illegible]

SOUVENIRS DES ANTILLES.

Lundi 1er janvier 1816; *Fort-Royal (Martinique.)*

Aujourd'hui MM. les officiers des divers corps de troupes, ceux de la marine, les membres du conseil et des administrations, les chevaliers de Saint-Louis, et toutes les personnes en place, se sont rendus à l'ancien Gouvernement où M. le comte de V..... les a reçus.

L'on est ensuite allé chez M. l'Intendant, et de là chacun s'est dirigé à volonté, pour suivre le cours de ses visites particulières. Il n'y a pas quinze jours que je suis ici, et j'avais plus de cinquante personnes à voir. On se plaint toujours de la fatigue de cette journée, et l'usage se maintient en dépit de tous les inconvéniens qu'il entraîne.

Nous avions un grand dîner chez mon hôte. Un officier anglais y était invité avec plusieurs autres personnes. Diverses santés ont été portées. Celle de mon choix a été pour Louis XVIII ; elle a été accueillie avec transport ; nous avons bu rasade.

Après dîner, je suis allé avec le capitaine anglais au quartier Saint-Louis, où il loge, et où je logeais moi-même pendant la guerre d'Amérique. Je n'y étais pas rentré depuis cette époque ; nous étions allés chercher des danseurs pour les amener à nos jeunes dames, qui se sont rendues chez leur tante, où elles ont dansé contre-danses et walses, et l'on a fini de bonne heure afin de se réserver pour deux autres bals qui auront lieu cette semaine ; le premier, jeudi prochain à l'Intendance, et le second, samedi, jour des Rois, au nouveau Gouvernement, chez le Gouverneur, M. le comte de V...

Avant de danser, nos dames étaient allées se promener à la Savanne où nous avons trouvé un riant essaim de gentes demoiselles élégamment parées, et venues comme nous, pour jouir du double plaisir de respirer la fraîcheur d'une soirée charmante et d'entendre une très-bonne musique militaire.

Mardi 2 janvier 1816; *Fort-Royal.*

Il y a eu ce matin, une messe du Saint-Esprit, où assistaient les magistrats et les diverses personnes composant la cour de justice.

M. le Procureur général a lu un discours en mercuriale, sur la manière dont chaque corps en particulier a rempli ses fonctions dans le courant de l'année qui vient de finir.

Il a terminé, en rappelant le bonheur de l'époque actuelle, où, sous les auspices du fils de Saint-Louis, nous devions espérer de voir renaître la simplicité des mœurs antiques, la bonne foi et toutes les vertus dont nous trouvons des exemples dans le meilleur des Monarques.

Dès que le Procureur général, M. de V...., a eu terminé son discours, M. le comte de V..., a pris la parole pour exprimer son empressement à prendre les avis de messieurs les Magistrats en ce qui concerne le bien-être et la tranquillité de la colonie; il les a engagés à redoubler de zèle et de surveillance afin d'éviter le renouvellement des scènes désastreuses dont la Martinique a déjà fait trop d'épreuves; et pour frustrer les desseins perfides de certains perturbateurs qui, de tems à autre, pouvaient réussir à se glisser dans la colonie.

Le Gouverneur ayant achevé de parler, s'est retiré à son hôtel, où il a reçu les hommages des divers corps civils et militaires, etc.

Après dîner, je suis allé au Gouvernement; entre autres personnes, j'y ai trouvé le père E.... qui s'est acquis une grande fortune dans ce pays-ci où je l'avais connu en 1780. Il possède à Saint-Pierre une fort belle maison située sur une hauteur, à droite de la rivière; la dépendance comprend de vastes jardins.

Me trouvant à causer avec madame la comtesse de.... la conversation tomba par hasard sur un certain personnage que j'avais connu au commencement de la révolution: la Comtesse me racontait que ce monsieur avait fait près d'elle une démarche pour l'engager à donner l'exemple, en venant à la grand'messe.

Madame de......, qui savait parfaitement apprécier tant de ferveur, lui répondit : Je m'étonne, Monsieur, que vous ayiez attendu jusqu'à ce moment pour commencer à vous occuper des femmes!

Ce n'était rien moins qu'une énigme pour moi :

Je compris le mot *commencer*,
Portant au faible de l'armure :
Mais dans ma façon de penser,
Un bon avis ne doit point offenser ;
Il est dans l'ordre de nature.

Vendredi 5 *janvier* 1816; *Fort-Royal*.

Il y avait bal hier soir, à l'Intendance. La plupart des dames et demoiselles de la ville s'y étaient rendues. La société en hommes était composée de quelques créoles, de personnes dans les divers emplois civils, d'officiers français de terre et de mer et d'officiers anglais.

L'assemblée était brillante, et par le costume élégant des danseuses, et par le vif éclat du jeune âge qu'animait encore la soif immodérée des plaisirs.

Si l'on ajoute à cela, tout ce que des formes gracieuses peuvent donner d'agrémens; ce qu'un goût effréné pour la danse a dû produire de perfectionné dans l'exercice de cet art séduisant, et le charme qui en résulte pour les spectateurs, on sera forcé de convenir qu'il serait difficile en France, de rivaliser une semblable réunion, même dans les villes du second rang et d'une population décuple.

Madame D.... a fait les honneurs chez elle avec sa grâce ordinaire. Vers une heure on a servi à souper; puis les contre-danses, et tour-à-tour la walse et l'anglaise ont recommencé. L'on était en nage; mais le plaisir n'a pas permis de se ménager pour le bal qui doit avoir lieu demain au Gouvernement, chez M. le comte de V...

Dimanche 7 janvier 1816; Fort-Royal.

La fête que M. le comte de V... a donnée hier, jour des Rois, a été complétement belle. Elle a eu lieu au local du nouveau Gouvernement, où l'on s'est trouvé un peu pressé dans le commencement, comme on l'avait prévu; mais le bal est devenu très-brillant, lorsque les salles ont été un peu éclaircies. Le commandant anglais et tous les officiers sous ses ordres assistaient à la fête; ils y ont pris part gaiement, surtout lorsqu'on a joué leurs airs favoris.

Un nuage s'est élevé dans un moment, parce qu'un d'eux, avec lequel je suis lié (le capitaine C...), s'est trouvé piqué de ce qu'on eût terminé trop tôt l'anglaise. Il en voulait aux aides-de-camp et autres officiers français chargés de la direction du bal. Je me suis approché du groupe formé par cette petite altercation, et sur le que si, que non, les haut-bois ayant résonné, chacun s'est lancé vers sa danseuse et la querelle a fini.

En faisant le tour de la salle de bal, je me suis trouvé à portée d'un groupe où quelqu'un racontait que, je ne sais en quelle circonstance, un officier anglais lui disant: que les Français faisaient la guerre pour l'argent, et les Anglais pour l'honneur; il avait répondu: chacun cherche ce qui lui manque. S'il a pu se tromper fortement dans la supposition que les Anglais manquaient d'honneur, du moins a-t-il bien rencontré en convenant que les Français manquent d'argent.

A une heure le bal a été interrompu: c'est dire intelligiblement que l'on a servi un bon souper.

Cinquante et une dames étaient à table avec le Gouverneur français et le Commandant anglais. Les dames ayant donné carrière à leur appetit, passablement conditionné, les hommes ont pris leur place, et fait disparaître les mets nombreux dont la table était surchargée: les harpies n'en fussent pas venues à bout en moins de tems, ni avec plus de voracité.

Le bal a repris ensuite, et s'est soutenu jusqu'à six heures du matin, tandis que l'on jouait dans une salle contiguë à celle de la danse. Madame la comtesse de V..... a fait les honneurs de chez elle avec une complaisance et une attention remarquables. La pluie est venue contrarier la retraite, mais comme on avait ample provision de plaisir, il n'y avait point à s'attrister de ce léger inconvénient.

Jeudi 11 *janvier* 1816; *Fort-Royal* (*Martinique.*)

Les officiers anglais de la garnison du Fort-Royal ont donné, hier soir, un bal qui a commencé vers huit heures, et s'est terminé à quatre heures ce matin; les dames, ou plutôt les mamans étant encore fatiguées du bal qui a eu lieu le jour des Rois.

Le local était malheureusement trop petit pour l'affluence du monde; on dansait dans une salle du quartier Saint-Louis, et le souper a été servi dans l'appartement que j'occupais il y a trente-cinq ans.

Les objets inanimés ont aussi leur langage; tout parle dans les endroits que nous avons habités à des époques éloignées, surtout en des contrées reculées, où le retour, sans aucune probabilité, n'a eu lieu qu'à la suite de révolutions et de secousses extraordinaires. Les souvenirs s'amoncèlent; l'âme est plongée dans les réflexions, et s'entr'ouvre aux douceurs mélancoliques, lorsque parvenus à un certain degré de notre course précipitée, nous pouvons, en quelque sorte, découvrir la vie entre deux points donnés : le présent et le passé; l'avenir n'offrant plus que la décadence et les sombres crises de l'extinction. Le bal a été fort animé. On y voyait d'excellentes danseuses et de très-jolies personnes. Quelques dames de Saint-Pierre s'y trouvaient aussi; entre autres, Madame de P....., jeune, riche et jolie femme, fille d'un respectable magistrat, homme instruit, plein d'amabilité et de sentimens généreux.

L'Intendant et son épouse assistaient à la fête; ils nous quittent aujourd'hui pour retourner à Saint-Pierre.

On se flatte que le Commandant anglais donnera un bal le 18 du courant, pour célébrer l'anniversaire de Sa Majesté Britannique. Il n'a point paru hier avec ses subordonnés; l'on assure qu'il a dissuadé plusieurs dames de se rendre aux invitations que MM. les officiers anglais leur avaient faites.

Ainsi dans la société
Chacun se croise; et d'ordinaire
En s'étudiant à nous plaire,
On n'est pas même exempt de contrariété.

Dimanche 14 *janvier* 1816; *Fort-Royal* (*Martinique*).

Ce matin, le général V......, après avoir assisté à la grand'messe, suivant sa coutume, est allé au local de l'ancien Gouvernement, où il a reçu les visites de MM. les officiers de terre, de mer et de la milice. Cette milice, infanterie et cavalerie, a été passée en revue après midi, sur les cinq heures. Le commandant anglais L....., avait réuni sur la Savanne, la totalité des troupes sous ses ordres: elles se composent du 96me régiment de ligne, fort d'environ quatre cents hommes sous les armes; de canonniers, au nombre d'environ 80, et d'un bataillon de noirs, de trois ou quatre cents hommes avec sa musique.

M. de V...., devait en passer la revue; il est arrivé à cheval sur le terrain, accompagné de deux aides-de-camp, et après avoir inspecté les divers corps réunis en bataille, il est allé se placer à grande distance, en front de la troupe, accompagné du commandant anglais et de divers autres officiers.

La troupe a défilé devant lui, avec les drapeaux et la musique. La tenue était parfaite. Les soldats européens ont une très-bonne apparence. Les canonniers surtout, sont remarquablement beaux; leur costume a de l'effet sous les armes; ils ont l'air tout-à-fait martial. En défilant, ils portent le sabre en avant tenu perpendiculairement. On voit que ce sont des hommes d'élite, et qu'ils ont été mieux exercés que les soldats de ligne.

Le bataillon noir n'avait pas, à beaucoup près, aussi bonne mine, quoique assez bien tenu. Ces noirs ne savent pas marcher; la troupe blanche elle-même n'est pas forte sur ce point.

Jeudi 18 *janvier* 1816; *Fort-Royal* (*Martinique.*)

Depuis six semaines l'on jouissait ici d'une température délicieuse; la chaleur était modérée; dès six heures du soir la fraîcheur invitait à la promenade, où l'on comptait chaque jour grand nombre de dames et de demoiselles, mises avec beaucoup d'élégance et de goût. Hier, contre l'ordinaire, dans cette saison, les vents avaient passé au sud-ouest; la mer était forte, et les lames se brisant avec violence sur la plage, indiquaient un raz-de-marée.

Vers midi, un bateau est venu se jeter à la côte, et malgré les secours qu'on a pu lui donner, la quille s'étant ouverte, il a coulé bas.

Le soir, deux goëlettes ont eu le même sort. Les dommages ont été considérables à Saint-Pierre, où les bâtimens étaient en grand nombre, serrés les uns contre les autres, sans les précautions que l'on a coutume de prendre dans l'hivernage.

Aujourd'hui le vent a perdu sa force; la brise d'est lutte contre l'intrus qui est venu lui disputer son domaine, et nous ne tarderons pas à revoir les choses dans l'état naturel.

Les pitons du Carbet pourraient servir de baromètre à la Martinique : je les observe chaque jour, et je ne me trompe guère sur la température et les accidens météorologiques dont ils donnent le présage, ou par leur apparence sous un ciel pur, ou par la manière dont ils sont couverts, dès le matin, tantôt par des masses de nuages sombres qui chargent leur double cime, tantôt par leur disparition totale, et quelquefois par de légères vapeurs qui en gazent momentanément les sommets aigus pour se dissiper aux premiers rayons du soleil.

Lundi 22 *janvier* 1816.

Il y eut hier vingt-trois ans que le meilleur des Rois fut assassiné par des monstres nés ses sujets! Une suite de malédictions et de catastrophes en est résultée pour les français dont le partage est aujourd'hui l'impuissance, la misère et l'humiliation. Nous avons célébré ce matin, un service funèbre en l'honneur du vertueux martyr Louis XVI! Le général V......., suivi de tous les officiers civils et militaires, du général anglais, commandant, et des principaux employés sous ses ordres, s'est rendu à l'église, où le vénérable pasteur (victime échappée de Sinamari), a officié.

Le régiment noir, au service d'Angleterre, était en bataille en face de l'entrée de l'église; il a fait plusieurs décharges de mousquetterie accompagnées de salves d'artillerie de moment en moment. La cérémonie a été majestueuse et touchante : l'église tendue en noir, était remplie de personnes distinguées, toutes en deuil, ou en uniforme. Grand nombre de dames pareillement en deuil, ont assisté au service. Le sexe qui montra plus de dévouement à la royauté, dut aussi ressentir et témoigner de plus vifs regrets pour la perte de Louis XVI, du fils de soixante Rois!

Tout s'est passé dans le plus grand ordre.

On a été particulièrement sensible aux procédés de messieurs les Anglais, à la conduite exemplaire de leurs chefs, et aux touchans témoignages d'intérêt qu'ils ont donnés dans cette solennelle circonstance.

Il était réservé à la plus haute vertu d'opérer de pareils effets : de concilier les amis avec les ennemis, les Anglais et les Français, les catholiques et les protestans, tous unis de sentimens en ce qui concerne la vénération profonde qu'ils portent à Louis XVI, et à sa sainte mémoire.

Mercredi 24 *janvier* 1816; *Fort-Royal* (*Martinique.*)

Quatre officiers français ont donné un bal, hier au soir, dans les appartemens de l'ancien gouvernement, au premier. La salle de danse décorée de pavillons français et anglais, eût offert un plus joli coup-d'œil, s'il s'y fût trouvé un plus grand nombre de personnes. Le local était trop vaste pour cinquante dames et autant de cavaliers. Néanmoins la danse n'a pas langui, grâce à la passion favorite des demoiselles créoles. Rivales d'élégance et de bon goût, toutes les parures s'éclipsaient près des diamans de Madame P......, petite fille de Madame T... de Saint-Pierre, et l'une des plus riches propriétaires de la Martinique.

A deux heures après minuit, on a servi un souper somptueux, d'abord aux dames dont l'appetit exercé n'a laissé qu'à glaner aux robustes estomacs qui leur ont succédé. L'on soupait dans le grand salon du rez-de-chaussée, où je me rappelais d'avoir autrefois dîné chez le marquis de Bouillé. Les dames étant remontées, l'on a chanté en liberté et avec gaîté. M. D...., commandant de la gabarre l'*Expéditive*, a été fort amusant par ses chansons au porte-voix, et par une petite représentation fort comique dont sa main droite, une serviette, et le père Antoine faisaient les frais.

Après avoir bu à la santé des Rois de France et d'Angleterre, nous sommes revenus au bal. Les jeux, que l'on avait préparés dans une vaste salle contiguë à celle de la danse, n'ont pas eu lieu, à l'exception de deux bouillottes de courte durée. *La Marseillaise* a perdu son procès contre la dureté des tems. L'argent est rare, et tout s'en ressent.

Le plus grand plaisir que j'aie goûté au bal, a été d'apprendre enfin l'arrivée en France du navire les .... après quarante-huit jours de traversée. C'était sur ce vaisseau que j'avais embarqué, à New-Castle, sur la *Delaware*, les familles de B......., et D..... Il y avait quatre-vingt-sept jours que nous ignorions leur sort; ce cruel silence nous plongeait dans un chagrin qui a fait place à la plus vive satisfaction.

Vendredi 26 *janvier* 1816; *Fort-Royal* (*Martinique.*)

Fatigué de la vie monotone du Fort-Royal, j'étais allé ce matin pour louer un canot qui m'aurait conduit à la rivière Salée, d'où je comptais me rendre à la rivière Pilote, chez M. de M......., ancien officier de marine, autrefois embarqué avec moi. Comme je passais près de la maison de Madame de B....., sa belle-sœur (respectable dame dont les hautes vertus honorent son sexe), je lui ai fait une visite dans l'intention de me charger de ses commissions.

Dans ce même moment elle venait d'apprendre que M. de M...... se mourait. Sa fille désolée, lui mandait cette nouvelle, et la suppliait de venir la voir en toute hâte, lui donnant à entendre qu'il était douteux qu'elle pût arriver à tems pour trouver son beau-frère vivant.

Quoiqu'il en soit, je quitterai le Fort-Royal très-prochainement pour un autre quartier de l'île; peut-être mettrai-je à exécution le projet que j'ai de la traverser par terre d'un bout à l'autre. Le genre de vie que l'on mène ici est insipide pour un homme à-la-fois garçon et habitué au tumulte de Londres et de Paris, et à la variété des plaisirs, que l'on est à portée d'y goûter, et des évènemens qui s'y succèdent avec une si prodigieuse rapidité.

Ici, à l'exception de quelques bals, où ceux qui ne dansent point, ne savent que faire, on est fort embarrassé de sa personne.

Le climat ne permet ni les exercices ni les occupations suivies auxquels on a coutume de se livrer en Europe. La fatigue habituelle provenant du relâchement de la fibre, contraint à la paresse ; chacun reste chez soi. Sur les six heures après midi, il est nuit ; les hommes font un tour de promenade à la Savanne, où il y a un peu de fraîcheur ; mais où l'on voit rarement des dames.

Ensuite, chacun se rend dans la société, ou plutôt dans la maison où il a coutume de passer la soirée. Il est sept heures, quand on y arrive ; on n'a qu'une heure pour causer en cercle. A l'exception d'un triste brelan de fondation dans une maison, l'on ne joue point ; à huit heures on soupe ; à neuf, on và se coucher, et chaque jour se passe ainsi.

Lundi 29 *janvier* 1816; *Fort-Royal* (*Martinique.*)

J'ai vu ce soir une dame jeune encore, à qui l'on prétend qu'une femme célèbre a donné le jour.

Elle fut élevée dans l'obscurité, qui est le partage ordinaire des orphelins sans fortune.

A une époque peu reculée, des ordres furent transmis de France pour marier la jeune personne en question, en la dotant d'une somme de soixante mille francs (cent mille francs des colonies); cette somme devait être portée sur les comptes de l'administration coloniale.

On jeta les yeux sur un jeune homme, M. B..., attaché à M. de.., alors Gouverneur de la Martinique, et le mariage fut célébré. Cette dame, aujourd'hui mère de deux enfans, vit retirée dans une petite maison du Fort-Royal.

D'après les informations que j'ai prises de personnes respectables, il paraît que des soins généreux, accordés par bonté de cœur, à une jeune enfant délaissée, auraient donné lieu à de fausses rumeurs, qui ne laissent maintenant au grand jour qu'un bienfait embelli par le plus noble désintéressement.

Tros tyriusve mihi nullo discrimine agetur. VIRG.

Le tems est constamment pluvieux et refroidi depuis le raz-de-marée qui eut lieu, il y a quinze jours, dans une saison où la température est ordinairement douce et agréable. Les pitons du Carbet qui me servent de baromètre, ne démentent pas un instant les indices que je crois reconnaître à leur apparence. Aussi sont-ils enveloppés de nuages, non-seulement à leurs crêtes, mais jusques dans les profondeurs de leurs bases. Les nouvelles de la Barbade, nous apprennent l'exécution de Ney.

Mardi 30 *janvier* 1816; *Fort-Royal* (*Martinique.*)

Je viens de visiter le magasin de la marine et celui d'artillerie. Le premier occupe un espace triangulaire, formant une cour resserrée, autour de laquelle sont, au rez-de-chaussée, les cables et cordages, les poulies, les ferrures, etc. Le magasin de voiles est au-dessus. Les ancres sont en dehors, près du canal situé au nord de la ville, depuis la rivière Madame jusqu'au Carénage. La nudité est la première chose qui frappe les yeux en entrant dans ce local. Les Anglais n'ont presque rien laissé. Après eux, il n'a pas manqué de glaneurs pour s'emparer de ce qui paraissait de trop peu de valeur aux premiers.

Entre le magasin dont je viens de parler et celui d'artillerie, un vaste hangard fort élevé, d'une charpente légère et parfaitement exécutée, est destiné à servir de dépôt pour les mâtures. On n'y voit absolument que le toit.

A quelques pas plus loin, le magasin d'artillerie est formé par un parallélogramme d'environ cinquante toises de longueur, sur vingt-cinq de largeur. Le premier étage comprend les logemens de MM. les officiers de la direction. Le rez-de-chaussée donne les emplacemens où l'on confectionne les divers objets propres au service; entre autres des affûts de côtes, de pièces de campagne et de batteries à barbettes.

Ces affûts sont parfaitement et solidement exécutés en bois de courbari et en balata, dont on voit de très-beaux madriers en dépôt. Ces bois ont été tirés de Porto-Rico. Le courbari est supérieur au balata et à l'acajou, en même tems qu'il est plus beau. Sa durée est considérable, même exposé aux intempéries. Un affût de ce bois, avec le vernis que l'on a coutume d'y passer, dure vingt à vingt-cinq ans, mis en batterie; tandis qu'un affût de chêne de France sera hors de service au bout de trois ans. Ces bois sont ici à vil prix. J'ai vu des pièces qui, l'une dans l'autre, n'ont été payées que quatorze gourdes (environ 70 fr. de France), et qui se vendraient cinquante louis à Paris. On en fait des meubles de la plus grande beauté.

La nudité est remarquable dans le magasin d'artillerie comme dans ceux de la marine. On ne voit dans la cour de l'intérieur que trois ou quatre petits canons de fer, et autant de petits pierriers en fonte. En dehors, près du canal, il n'y a que quatre vieilles pièces de douze, mangées de rouille, récemment retirées de la mer, où les Français les avaient jetées. Elles pourront servir de lest à quelque bâtiment de l'état. Il y a aussi près du canal plusieurs crapauds ou affûts de mortier en fonte et en fer, outre une assez grande quantité de tuyaux de fonte que l'on destinait à conduire l'eau dans la ville. Ce qui reste n'est cependant pas le quart de ce qui avait été rassemblé dans ce dessein. Mais ici comme ailleurs ...... les Anglais ont fait main basse.

Le Fort-Royal et le Fort-Bourbon sont connus de tout le monde. Le premier existe encore à-peu-près dans son état ancien. Le second, qui était considéré presque imprenable, et qui avait coûté des millions, a été détruit par la mine.......

Les Anglais l'ont fait sauter......

Durum genus; et nostrâ maximâ culpâ !

Vendredi 2 février 1816; retour du Fort-Royal à Saint-Pierre (Martinique.)

Ayant enfin terminé mes affaires, j'ai quitté

le Fort-Royal à neuf heures du matin : il me tardait d'en partir; je commençais à y boire l'ennui à pleine coupe, au milieu du vipérage qui est le propre des petites villes, et dont le venin mesure ses degrés d'après l'échelle qui classe les diverses familles; celles qui prêtent le flanc davantage devant être nécessairement apprises à mieux mordre.

Tout cela tient à une sphère si imperceptible, à des cercles si rétrécis, que ceux qui ont vécu dans les grandes capitales n'y donneraient aucune attention, si l'ennui ne s'y trouvait fortement associé. Les femmes créoles ne sont point exemptes de ferveur religieuse;

> Et de l'amour à la dévotion
> Il n'est qu'un pas; l'un et l'autre est faiblesse.
>
> VOLTAIRE.

Dès le matin à six heures, la cloche appelle les dévotes, et continue avec de légères interruptions jusqu'au soir, où les hommes vont passer une heure (ordinairement de sept à huit), avec quelque famille de leur connaissance. Rangés en cercle avec les dames, ils tiennent conversation au milieu de courans d'air dans tous les sens; de sorte que les européens nouvellement arrivés, et sans cesse en moiteur, se trouvent constamment exposés à des rhumes violens et à des transpirations supprimées.

Les officiers anglais, particulièrement ceux des troupes noires, vont familièrement et très-lestement dans les sociétés, où ils sont vus beaucoup mieux que les Français. Un habit rouge et un criquet de quatre-vingt-dix gourdes, pour parader dans les rues, sont d'un grand relief pour les belles. J'ai cru voir que le motif principal de cet accueil privilégié provient de ce que leur qualité d'étrangers ne permettant de voir aucune différence dans les familles (dont quelques-unes sont de jeune date), celles-ci se trouvent avec eux débarrassés d'une épine fortement incommode avec les Français qui connaissent la hiérarchie des rangs et la chronique scandaleuse.

Je suis arrivé en canot à Saint-Pierre vers midi, par un fort beau tems, précédant M. le comte de V....... qui s'y est rendu aussi dans la journée.

J'ai trouvé dans le port environ cent cinquante bâtimens, dont plusieurs bricks de guerre français.

Je suis descendu à l'auberge chez *Coton*, où j'avais logé à mon retour de la Trinidad.

Samedi 3 février 1816 ; traversée de la Martinique aux Saintes.

Hier soir, après avoir passé quelques momens chez M. l'intendant D., je l'accompagnai avec plusieurs officiers, l'ordonnateur et divers employés de l'administration, chez Madame de T......., où nous fûmes rendre visite à M. le comte de V....... qui y était arrivé à trois heures après midi. J'y retrouvai mon ami, M. de C......, ainsi que Madame son épouse et son intéressante demoiselle; M. et Mme P....... et Mme P. leur fille, y étaient aussi. L'assemblée était nombreuse et brillante. Nous apprîmes par un bâtiment anglais, arrivé des Dunes en vingt-sept jours, la reprise de la V.....; la nouvelle s'est trouvée fausse.

A deux heures, je suis monté à bord de la

goëlette de l'état l'*E*......., capitaine M., allant aux Saintes.

A quatre heures après midi, nous appareillons.

A un quart de lieue du Prescheur, on voit le rocher nommé le *Sépulcre*, parfaitement ressemblant en colossal aux *tumulus* romains, si multipliés en Bretagne.

Du Prescheur à quelque distance vers la pointe sud-ouest, la plage est belle, ses environs très-rians et bien cultivés.

A six heures, nous sommes entrés à l'ouvert du canal de la Dominique, après avoir doublé la Perle. La lame y est constamment dure, et la brise carabinée.

Vers dix ou onze heures, nous étions sous les terres de la Dominique, dans l'ouest du Roseau, qui en est la capitale. Dès ce moment, notre goëlette a été presque sans mouvement, ce qui n'est pas peu agréable pour ceux que martyrise le mal de mer.

LA DOMINIQUE.

La Dominique, île d'Amérique, une des

Antilles (ainsi nommée de ce que les Espagnols la découvrirent un dimanche), située entre la Martinique et la Guadeloupe, à environ huit à dix lieues de l'une et de l'autre. Longitude occidentale du bourg (le Roseau), $63^{d}\ 55^{m}$; latitude nord, $15^{d}\ 18^{m}$. Elle a environ quinze lieues de long sur sept de large, et sa forme est presque ovale. En 1761, les Anglais s'en emparèrent : la paix du 10 février 1763 la leur a maintenue. Les Français s'en rendirent maîtres le 7 septembre 1778, sans perdre un seul homme; et ils l'ont rendue aux Anglais à la paix de 1783. Le sol de cette île est maigre, et plus propre au café qu'au sucre; mais les côteaux produisent les plus beaux arbres des Indes Occidentales. On tire de la Dominique du maïs, un peu de coton, de l'anis, du cacao, du tabac et du café. On y voit encore quelques familles caraïbes de sang pur. Elles habitent dans les parties les plus retirées de l'île, sur les hauteurs. Les montagnes de la Dominique sont celles qui paraissent le plus élevées sur toute la chaîne des Antilles.

Il y a un fort au Roseau; mais ce n'est pas la principale défense de l'île; elle consiste dans le fort Cabri, situé au nord, sur un morne près de la mer. Vue à quelque distance, la Dominique paraît inculte; en l'approchant un peu du côté ouest, on distingue des caféteries dont les cases sont près du rivage, au bas des petites vallées qui se voient par intervalles. Il y a quelques sucreries, mais en petit nombre: on en compte davantage dans la partie de l'est.

Les terres sont très-élevées à la Dominique, et les rivages coupés à pic. Il y a une soufrière près du Roseau.

Dimanche 4 février 1816; *trajet de la Martinique aux Saintes.*

A six heures du matin, nous sommes encore sous la Dominique, à portée de canon de terre, en vue des Saintes et de la Guadeloupe. Beau tems; les vents au nord-est.

A huit heures, nous entrons dans le canal des Saintes. La lame est dure; je souffre le martyre du mal de mer.

A une heure et demie, nous entrons dans la baie des Saintes, après avoir passé près du fort où flotte le pavillon blanc, à gauche, en rasant la roche de la Baleine.

Il y a peu de tems que le beau navire de Bordeaux la *Victorine*, entièrement neuf, s'est perdu sur cette roche; il est aujourd'hui échoué contre le rivage. Quelques piastres données à un pilote eussent épargné ce malheur.

Le capitaine de la goëlette et moi nous sommes descendus à terre immédiatement, et nous avons rendu visite au commandant, M. D......., qui nous a fort poliment accueillis. De là, nous sommes allés chez l'officier anglais, M. P..., qui fait ici le service avec quelques hommes en qualité d'auxiliaires.

Il n'a pas fallu moins que le zèle serviable du commandant et du commissaire de marine, pour me procurer un logement que j'ai difficilement trouvé, et où il me tardait d'aller me reposer, littéralement excédé de fatigue, et n'ayant rien pris depuis deux jours.

Le 5 février 1816; LES SAINTES, *île d'en haut.*

Les Saintes forment cinq ou six îlots, composés de petits mornes généralement incultes, et couverts de buissons sauvages; la plupart d'entre eux ne produisent rien du tout; les provisions se tirent de la Guadeloupe; on y boit de l'eau de pluie.

Le bourg est composé de deux douzaines de maisons, ou petites cases misérables, éparses çà et là, le long du rivage.

La côte est peu poissonneuse; les porc-épics de mer y sont très-communs.

On y est grillé du soleil sans trouver nulle part à s'en mettre à l'abri. La distance de la Basse-Terre (Guadeloupe), est de deux heures; il en faut quatre ou cinq pour aller à la Pointe-à-Pître; c'est de cette dernière ville que l'on se rend à Marie-Galante; le trajet est de trois ou quatre heures.

On fait ici la contrebande tant qu'on peut avec la Guadeloupe, à ses risques et périls; il arrive toujours une grande partie des marchandises, et quoique les douaniers anglais ou autres préposés puissent avoir quelques succès contre les marchands, ceux-ci ne se rebutent point :

Plus on en tue et plus il s'en présente.

Un pauvre diable d'européen qui est arrivé de France, il y a deux mois, et qui fait ici les fonctions de capitaine de port (si l'on peut s'exprimer ainsi sans rire), vient d'épouser, il y a une heure, une fille des Saintes, orpheline, ayant pour fortune la vue du ciel et de la terre ; elle a vingt ans; il en a trente-cinq. Un habitant qui se trouvait tout-à-l'heure dans la maison où je suis, leur a donné le peu de salade qui va composer le festin de nôces. La couche nuptiale sera vraisemblablement une botte de paille, à la manière antique. Les tems sont durs : l'époque des flibustiers était l'âge d'or en comparaison de celle-ci.

Les jeunes gens du bourg sont en gaîté dans une case vis-à-vis mon logement. L'air retentit de leurs charivaris dont les rimes *ultrà* graveleuses, après avoir blessé le chaste tympan des vierges vont, déportées par les vents, se perdre dans les cavernes, leur digne asile.

A quatre heures après midi, je m'embarque sur un bateau pour aller à la Basse-Terre (Guadeloupe); je suis souffrant d'être à jeûn depuis quatre jours; à ma seconde traversée dans un si court intervalle de tems, et en proie au mal de mer, le pire de tous les maux.

Il y a aux Saintes deux forts où les Anglais tiennent garnison.

A cinq heures, nous sommes sous voile. L'île d'où nous sortons se nomme l'Ile d'en Haut; elle ne produit rien. A-la-fois très-petite, et fréquentée par les gens de mer, on en a depuis long-tems épuisé tous les bois; les terres se sont ensuite éboulées par les pluies.

L'île de droite (en allant à la Basse-Terre), se nomme *Cabrit;* elle appartient au brave marin qui me conduit. C'était la propriété de sa femme.

L'amiral anglais Durham y a fait bâtir un joli pavillon sur la partie élevée, d'où la vue domine au loin le canal entre les Saintes et la Guadeloupe et la partie orientale de cette dernière.

L'île de gauche se nomme Terre d'en Bas; elle contient quelques habitations; caféteries et cotonneries.

La partie de la Guadeloupe où nous venons hattérir, est misérable et usée; le sort des habitans y est malheureux au dernier degré; on voit çà et là de chétives cases, exposées à toute l'ardeur du soleil, sans eau à portée. Ceux qui y vivent n'ont d'autre nourriture que de la morue et des bananes; cela seul absorbe le peu de revenu qu'ils peuvent encore faire.

LA GUADELOUPE.

La Guadeloupe, île d'Amérique, une des Antilles, à environ trente lieues de la Martinique, dix lieues nord-nord-ouest de la Dominique, autant sud d'Antigue. Longitude occidentale, 63d 22m, 64d 13m. Latitude 15d 57m, 16d 39m. Elle a vingt lieues de l'est à l'ouest, et dix-huit du nord au sud. Elle est divisée en deux parties par un canal appelé *Rivière Salée*, que les navires ne pourraient passer avec leurs chargemens. On la traverse dans un bac.

Christophe Colomb lui donna le nom de *Guadeloupe*, à cause de la ressemblance de ses montagnes à celles de ce nom en Espagne. Elle produit du sucre, du café, du coton, de l'indigo, du gingembre, etc. Ses exportations de sucre sont très-considérables.

On comptait en 1789, à la Guadeloupe, 104,400 habitans de toute couleur, et dix mille dans les îles qui en dépendent; savoir: la Désirade, Marie-Galante et les Saintes. Ces quatre îles forment un département colonial de la France.

Les Anglais prirent la Guadeloupe en 1759, et la rendirent à la paix de 1763. Ils s'en emparèrent de nouveau au commencement de la révolution française, mais ils furent obligés de capituler en 1794. Elle a un volcan nommé la *Soufrière*; il est situé au nord et à deux milles seulement de la ville de la Basse-Terre: il s'en exhale continuellement une épaisse fumée.

A six heures, nous sommes sous le vieux

fort que les Anglais ont ruiné. La terre aux environs présente le même aspect qu'aux Saintes.

Aux derniers rayons du jour, nous découvrons la ville de la Basse-Terre : je ne l'avais pas revue depuis 1780 : après trois combats de mer livrés aux Anglais par M. le comte de Guichen, pendant une croisière de soixante jours, nous y débarquâmes nos blessés.

A sept heures et demie, nous avons jeté l'ancre dans la rade de la Basse-Terre ; je suis descendu aussitôt après.

Mardi 6 *février* 1816; *La Basse-Terre* (*Guadeloupe.*)

Après avoir pris congé du brave Calot, mon ancien compagnon d'armes, propriétaire du bateau qui m'a porté des Saintes à la Basse-Terre, je fus pour voir un de mes amis que je ne trouvai point ; il s'était rendu sur son habitation.

Je me fis conduire à l'auberge principale, chez...., sur le cours.

Il était tard; on n'avait rien pour l'instant; se résigner, c'est tout ce qu'on peut faire; c'était beaucoup, venant de la mer, et souffrant l'impossible depuis plusieurs jours.

De bonne heure, ce matin, je suis allé voir Monsieur L..., procureur du Roi, respectable vieillard qui, dans les derniers troubles, eût couru les risques de la vie, si un honnête négociant ne lui avait procuré un bateau sur lequel on le fit sauver avec sa famille.

La Basse-Terre a la triste apparence d'une ville en proie aux secousses révolutionnaires, depuis l'espace de vingt-cinq ans. Ce n'est plus une brillante capitale où affluaient les richesses de la métropole, lorsque des régimens français maintenaient sous le Roi le bon ordre et la tranquillité; tandis que le commerce prospérait, et que le caractère national était dans la plus haute estime chez tous les peuples civilisés. Il me semble que la ville, comme la colonie, a l'air d'agoniser. Il n'y a plus que les habitans sucriers qui fassent encore quelque chose; les cafétiers sont ruinés et vendent leurs nègres pour exister. Cette classe autrefois riche, est perdue sans ressource.

Les Anglais tiennent toujours garnison ici. Le général Leith y fait sa résidence au Gouvernement. L'édifice est d'une apparence agréable; il est sur une légère éminence, où l'on arrive par deux rampes demi-circulaires, en pente douce; le terrain environnant est un jardin anglais.

La promenade du cours, dans la grand'rue, est assez belle, formée en vieux tamarins. Le bord de mer est laid et fort sale.

La ville est d'une étendue assez considérable pour une ville des colonies. La contrebande s'y fait assez ouvertement. Nous rencontrâmes hier plusieurs canots chargés de vin, venant des Saintes, où est le dépôt: ils entrèrent dans le port à la nuit. Nous en touâmes un, à cet effet jusque sous le vieux fort, d'où il commença sa manœuvre nocturne. Il faut que tout le monde vive!

Course à l'habitation B..., Quartier Saint-Louis.

A midi, après avoir loué un cheval, et pris un guide, je me suis transporté chez mon ami

M. de B...., à la distance d'une lieue, sur les hauteurs.

Jusqu'à une demi-lieue de la ville, et à pareille distance du rivage, le terrain est inculte et paraît ravagé ; il y croît des buissons, et çà et là quelques arbres à coton, du manioc et toutes sortes de plantes venant confusément et au hasard. Je suppose que les désordres d'une longue guerre et de la rébellion des nègres ont ruiné cette partie comme plus à portée de la ville et des bords de la mer.

Enfin, après avoir parcouru cette distance on retrouve des champs et des habitations. Celle de mon ami se présente sous un point de vue magnifique, occupant un riche plateau à cent cinquante toises au-dessus du niveau de la mer.

J'y suis arrivé à une heure et demie, par des chemins durs et non sans danger. J'ai eu le plaisir d'embrasser mon ancien condisciple, que je n'avais pas vu depuis 1777. Je l'ai reconnu dans l'instant, et nous nous sommes embrassés avec charme.

O qui complexus et quanta gaudia !

Les souvenirs du jeune âge sont impérissables. Il y a là quelque chose de magique. J'ai toujours été vivement affecté de ce plaisir; pour le goûter, non-seulement on s'expose à de grandes dépenses, mais on va jusqu'à courir de vrais dangers.

Mon ami était seul avec son gérant, qui s'est trouvé un jeune homme de mon pays, Madame B..., ses deux demoiselles et son fils sont à Paris; la santé de la mère est si mauvaise qu'elle ne pourrait, sans la certitude de périr en route, s'aventurer à passer la mer. Le mari qui l'attendait sans cesse, venait de bâtir une superbe maison qui lui a coûté cent cinquante mille francs. Peut-être se verra-t-il forcé d'abandonner son propre toit pour se rapprocher de ses enfans, placer son fils et marier ses demoiselles.

Après avoir dîné, politiqué, parlé de nos anciens souvenirs, etc. etc., nous sommes allés visiter la sucrerie, le moulin à l'eau, la chute d'eau, les moulins à farine et à sucre, la fabrique de rum, l'étuve, l'hôpital, le jardin, les cases à nègres, etc. etc.

Cette habitation est peut-être la plus complétement belle qu'il y ait à la Guadeloupe. Elle donne deux cents milliers de fort beau sucre.

L'air qu'on y respire est délicieux et frais ; l'eau est d'une grande limpidité et excellente à boire.

M. B...., qui est immensément riche, et dont l'étude ne lui rapporte pas moins que sa sucrerie, ne néglige point l'agrément comme la plupart des colons. Il a un jardinier européen ; son jardin produit toutes sortes de légumes et de fruits; il est traversé par un courant d'eau.

Les sapotilles, les oranges, les grenades, les mangos, les dattes et une multitude d'autres fruits y abondent. J'y ai vu pour la première fois un cocotier de petite espèce; quant au fruit, quoique l'arbre soit aussi élevé que les autres cocotiers, chaque coco est gros comme une noix ; ils se trouvent rassemblés en forme de régimes. C'est le seul que j'aye vu de cette espèce. On ne s'en sert que pour de petits ouvrages ; le bois en est jaune au lieu d'être noir.

L'opinion de mon ami qui est un homme de grand sens et justement renommé comme le plus habile dans sa partie, s'est trouvée conforme à la mienne sur l'avenir des colonies. L'abolition de la traite d'abord; l'affranchissement ensuite; et, sous dix ans, la ruine et la perte totale des colonies quelconques!

A quelque hauteur que soit située l'habitation B..., elle est encore dominée de quatre-vingts toises au moins, par celle de M. M.... Celle-ci est une petite bonbonnière; l'habitation C.... qui paraît considérable, est aussi à portée, et deux ou trois autres dont celle de la C.... et celle de Madame la comtesse D....

Au coucher du soleil, malgré les plus vives sollicitations de mon ami pour rester avec lui, j'ai pris congé et je l'ai quitté avec un véritable regret, d'autant que j'avais la conviction que ma santé aurait infiniment profité avec le bon air et la tranquillité d'esprit dont je pouvais jouir chez lui; mais je croyais retrouver mon bateau et repartir pour les Saintes, ou la Pointe-à-Pître, demain matin. Je me suis donc remis en route avec mon guide, y voyant à peine assez pour diriger mon cheval par des sentiers à se casser le col, tandis que la pluie menaçait de tomber par avalasses. Je suis rentré en ville à sept heures et demie du soir.

Mercredi 7 février 1816; *Basse-Terre* (*Guadeloupe.*)

Comme j'étais hier à me promener avec M. B...., sur son habitation, nous vîmes ramener ses troupeaux composés de bœufs et de mulets de Porto-Rico, et de béliers de la Côte-Ferme, dont le poil fauve et la marche légère les ferait prendre pour des daims, même à peu de distance.

Une des gardiennes passait à portée de nous; c'était une jeune négresse de onze à douze ans; son maître s'approcha d'elle; la négrite baissa modestement les yeux, en souriant avec l'innocence et la grâce de son âge et de son sexe.

Cette fille n'avait qu'un bras; l'autre avait été coupé si haut, qu'il serait impossible de croire que l'amputation dût réussir telle qu'elle a eu lieu sur cette infortunée. Elle voulut un jour toucher les cylindres du moulin à sucre, lorsqu'il achevait d'être en mouvement ; ses doigts se prirent ; son bras gauche se trouva totalement écrasé ; il fallut le couper au raz de l'épaule Cette petite bergère est gaie et bien portante, et ne paraît nullement affectée de la perte qu'elle a faite.

Mon cœur se serra au récit de ce qu'elle eut à souffrir : je ne pouvais m'empêcher d'admirer cette philosophie sauvage qui semblait l'élever au-dessus du plus haut degré d'infortune.

En revenant en ville je n'ai plus retrouvé mon compagnon d'armes, Calot, propriétaire du bateau qui m'a porté des Saintes ici. Il aura trouvé du fret plutôt qu'il n'espérait, et sera parti.

Il m'apprit une anecdote assez singulière, et qui m'intéressa vivement : comme nous étions à deviser ensemble sur le pont, un peu avant le coucher du soleil ; mollement balancés sur les ondes ; il me raconta qu'il était à bord du vaisseau *le Sagittaire*, lorsque je me trouvais au siége de Saint-Christophe. Peu après la vive affaire que nous eûmes au débarquement des Anglais à Frigate-Bay, le 28 janvier 1782, l'île se rendit. L'amiral Hood, s'étant sauvé avec ses vingt-deux vaisseaux de ligne, M. le comte de G..... vint reprendre sa place au mouillage dans la rade de la Basse-Terre.

Calot me donnait les détails de ce combat des Anglais et des Français, bien loin de s'imaginer que j'y avais pris part. Enfin, pour me donner une preuve de la défaite des troupes britanniques en cette circonstance, il ajouta :

« Dès que nous eûmes repris le mouillage » dans la rade de la Basse-Terre, je fus envoyé » un matin, avec des hommes du *Sagittaire*, » pour faire la pêche et jeter les filets précisément à Frigate-Bay, près du rivage où » est l'allée des cocotiers qui subsiste encore, (me dit-il) car il n'y a que quinze jours que » j'étais là.

» Lorsque nous voulûmes lever la seine, » nous fûmes les plus surpris du monde de » ne retirer que des soldats anglais, des armes

» et toutes sortes d'objets militaires; tant ils » s'étaient hâtés de se rembarquer; tant ils y » avaient mis de confusion; tant ils avaient » été accueillis chaleureusement par les braves » d'Agenois et de Touraine! »

Ce compliment et cette vérité obtenus par le pur effet du hasard, me furent extrêmement agréables à entendre; je me promis de ne point oublier l'anecdote.

Ce matin je me suis empressé d'aller voir Mr de G....., ancien constituant, et intendant de la Guadeloupe. Il m'a été doux d'acquitter ce devoir envers un homme d'un mérite éprouvé; son aspect indique, dès l'abord, la candeur, l'honnêteté, l'obligeance qui le caractérisent : il est bon père, bon époux, Français dans le cœur, royaliste plein de dévouement, administrateur éclairé : heureux l'homme à qui la plus sévère critique n'aurait à reprocher que d'avoir jugé ses semblables d'après la pureté de ses propres sentimens!

Trajet de la Basse-Terre à la Pointe-à-Pître.

A trois heures et demie, je m'embarque à bord de la goëlette..... déjà sous voile.

Comme il était nuit lorsque j'arrivai à la Basse-Terre, je n'avais pas eu le coup-d'œil de la ville, aperçue du côté de la mer. Un peu moins étendue que Saint-Pierre, elle est à-peu-près le double du Fort-Royal de la Martinique.

A droite, sur une éminence, on voit un fort qui paraît en bon état, mais il est dominé; il est vrai que le morne qui le commande semble très-difficile à gravir. Cependant *que ne fait-on pas quand il y a des coups de fusil à gagner?* comme disait à Fribourg M. le maréchal de Créqui.

La campagne des environs de la Basse-Terre est riche, bien cultivée et riante. Le nouveau Gouvernement, bâti par l'amiral Cochrane, est situé à peu de distance du fort. Sir James Leith l'habite aujourd'hui.

Jeudi 8 février 1816 ; *trajet de la Basse-Terre (Guadeloupe), à la Pointe-à-Pître (Grande-Terre).*

Nous sommes allés hier, en trois heures, aux Saintes ; le capitaine avait envie d'y passer la nuit, sous prétexte que le vent refusait. Son véritable but était de charger quelques marchandises qu'il ne pouvait prendre qu'au jour. Je l'ai dissuadé. Les momens sont précieux à la mer ; il est cruel de voir prolonger ses souffrances; c'est commettre une imprudence extrême que de ne point profiter d'un tems supportable, de s'exposer aux regrets de l'avoir perdu, et aux chances d'une navigation dure si l'on est surpris par des bourrasques ; c'est assez d'y être soumis en allant droit à son but.

Nous avons donc continué route à petit vent, courant des bordées toute la nuit, pour nous élever; ce matin, à six heures et demie, nous sommes en vue de la Pointe-à-Pître, où nous allons mouiller tout à l'heure.

L'endroit où la ville est située et le pays environnant, excepté vers l'est, sont en terrain plat, et de nature entièrement opposée à celui de la Guadeloupe, qui est formé d'immenses hauteurs sur lesquelles domine la Soufrière.

A sept heures, nous sommes en face et proche du fort Fleur - d'Epée. Entre ce dernier et la ville on voit le fort Saint-Louis ; ils sont tous deux sur des mornets bordant le rivage.

De l'autre côté de l'entrée, à gauche, une batterie croise son feu avec le fort Saint-Louis. Elle est à l'extrémité d'un îlot sur lequel on a construit nouvellement un hôpital.

Le port de la Pointe - à - Pître a l'avantage d'être très-sûr : défendu contre les vents régnans et contre tous les autres (excepté dans la direction du sud - est), il offre un asile excellent aux vaisseaux. Aussi, dans les derniers raz-de-marée qui ont désolé la rade de Saint-Pierre, et brisé plusieurs navires sur ses côtes, rien n'a souffert à la Pointe-à-Pître.

Portus ab accessu ventorum immotus. VIRG. æn. l. 3.

La rivière Salée n'a pas peu contribué à l'état florissant où cette ville s'était tout-à-coup élevée. La commodité qu'elle donne de transporter les denrées de tout genre, provenant de la Guadeloupe, et des parties ouest de la Grande-Terre, avait rendu la Pointe-à-Pître un local très-avantageux. La bonté de son port y ajoutait infiniment d'importance.

La multiplicité des secousses révolutionnaires a fait un tort considérable aux fortunes de la Pointe-à-Pître, et a complétement paralysé le cours de ses prospérités long-tems croissantes.

Fleur-d'Epée est aujourd'hui le fort principal de la Grande-Terre. Il est casematé. Sa construction date de peu d'années. Le fort Saint-Louis est de l'ancien tems; il paraît fort mal entretenu.

A huit heures et demi, la brise s'étant levée, nous sommes entrés dans le port de la Pointe-à-Pître, dont les maisons à contrevents rouges, ont assez mauvaise mine. Il y avait fort peu de bâtimens au mouillage; pas un français.

Descendu à terre, je me suis transporté

chez M. de C...., procureur du Roi. Les étrangers sont tenus d'exhiber chez lui leurs passeports.

Aussitôt après, je suis allé revoir mes compagnons de voyage des Etats-Unis aux Antilles; j'ai retrouvé Madame A...., son fils et sa demoiselle, et M. R...

Vendredi 9 *février* 1816. *Pointe-à-Pître;*
(*Grande-Terre, Guadeloupe*.)

De tous les pays que j'ai vus, celui-ci est le dernier que je voudrais habiter; physiquement et moralement il déplaît. C'est une terre plate, sans ombre, dévorée par les feux du soleil. On n'y a que de l'eau de pluie; les habitans y sont jaunes, efflanqués, maladifs.

Un français faisant le commerce à la Pointe-à-Pître et qui était passager sur la goëlette qui m'a mené ici, me disait: « On nous a calom-
» niés; on nous a traités de Buonapartistes; le
» fait est que nous ne nous embarrassons pas
» que ce soit Pierre ou Jacques qui gouverne.
» Nous sommes Français; nous haïssons les

» Anglais ; et quiconque viendra ici avec l'au-
» torité du Gouvernement français sera res-
» pecté. »

Cet homme n'eut pas besoin d'une grande éloquence pour me convaincre. C'était précisément l'idée que je lui aurais supposée.

Il existe beaucoup de données pour savoir ce que pense un homme, *in petto* (en fait de politique). Au reste, il n'est plus question de Buonaparte, qui n'a jamais été que l'homme du parti révolutionnaire, lors même qu'il foulait à ses pieds les plus chères prétentions de ses partisans. Mais il représentait la révolution dont il était l'héritier. Il élevait la classe moyenne, et l'enrichissait aux dépens des familles illustres qu'il traînait dans la boue ; il proscrivait les titres anciens, et il en créait de nouveaux.

Il humiliait le Pape et protégeait une certaine classe de prêtres. Il offrait à la ronde le pillage des ennemis et même des amis. Il y avait de la ressource avec un pareil homme qui ne redoutait point de se charger de tout l'odieux qui peut s'attacher à un être vivant, pour préserver, à tout prix, quelques-uns des points les plus chers à l'affection des révolutionnaires.

Malgré la dureté des tems, on danse encore quelquefois à la Pointe-à-Pître. La nature et le climat n'abandonnent jamais leurs droits. Outre les redoutes par souscription, où l'on paye quatre gourdes par cavalier, il y a souvent bal chez des particuliers aisés; celui qui le donne a le droit de présenter le *bouquet* à qui bon lui semble. De cette manière, il le condamne à une amende de quatre à cinq cents gourdes, qu'il lui en coûtera pour divertir le public.

Il y a ici des troupes anglaises composées de noirs, comme on en voit aujourd'hui dans toutes les possessions britanniques; c'est à ce recrutement que passe maintenant le résultat de la traite.

Ce pays-ci n'est pas moins ruiné que les autres. On ne peut, par la force des lois, obtenir le paiement de sa créance sur un habitant, même celui dont on voit la sucrerie regorgeant de denrées. Il n'en est que plus honorable pour eux de ne point profiter de leurs avantages et d'acquitter loyalement leurs dettes. Le point d'honneur est la plus sûre garantie de leurs engagemens; c'est une justice que je me plais à leur rendre.

Ce sont, pour la plupart, des hommes fort généreux, bons vivans, et d'un commerce facile et agréable. Les femmes, surtout dans la classe des propriétaires, sont douées des mêmes qualités, au plus haut degré. Leur société a un charme tout particulier qui se trouve rarement ailleurs. C'est le pays de la plus noble hospitalité.

M. de B.... qui est peut-être le seul de la colonie dont le bien soit libre, ce qui est dû à sa conduite, à sa probité, à ses lumières, à son habile gestion, me racontait que tel habitant qui donnait des repas splendides, coûtant des sommes considérables, devait souvent beaucoup plus qu'il n'avait : qu'un grand nombre de propriétés étaient grévées de deux ou trois fois leur valeur; qu'il était impossible de trouver à vendre : enfin, que la colonie agonisait et n'avait pas dix ans à prolonger sa misérable existence.

> Post certas hiemes uret Achaicus
> Ignis Pergameas domos. HORAT. *od.* 13, *l.* 1.

Mardi 13 *février* 1816; *Pointe à Pitre,* (*Grande-Terre; Guadeloupe.*)

J'ai passé de nuit et dans les souffrances, ce théâtre fatal de la défaite de l'escadre française commandée par le comte de G......., je reste aujourd'hui l'un des derniers témoins de la prise de cet amiral, qu'une intrigue de cour avait porté à un commandement qui ne lui convenait aucunement. Peu de jours avant l'époque du 12 avril, j'étais à dîner au Fort-Royal de la Martinique, chez le marquis de B........; le comte de G....... s'y trouvait; il y avait quatre personnes entre lui et moi; la conversation ayant roulé sur l'avantage d'un commandement tel que le sien; (son escadre était la plus considérable et la mieux équipée que l'on eût jamais vue aux Antilles, lui-même montant un vaisseau à trois ponts); je prêtais attentivement l'oreille pour entendre ce que l'amiral allait dire, lorsque, à mon grand étonnement, j'entendis M. de G... exprimer son indifférence totale pour la brillante fonction à laquelle il était appelé; malgré le noble stimulant d'une situation telle que le plus insouciant fût, je crois, devenu un héros. *Ma foi*, dit le comte, élevant languissammennt la voix, *je ne me souciais pas de ce commandement; j'ai soixante-trois ans; on m'a nommé là sans que je l'aie demandé!*

Eh! pourquoi donc acceptiez-vous, si vous ne saviez point apprécier l'honneur insigne qui vous était fait par le Monarque; s'il ne vous paraissait doux et voluptueux de mourir au poste le plus éminent qu'un sujet puisse atteindre? si vous ne brûliez d'abattre le léopard, et d'entrer triomphant dans un port de France, ayant en poupe l'impérissable pavillon des lis, dominant le yacht britannique arraché de la citadelle flottante en remorque de votre vaisseau, dont vos concitoyens admirent le fastueux désordre, empressés d'y apposer la couronne rostrale ?

M. de G... fit voile de la rade du Fort-Royal, île Martinique, dans les premiers jours d'avril 1782. Il était embarrassé d'un convoi de plus de cent voiles qu'il devait escorter et conduire au Cap-Français; île Saint-Domingue, où il devait opérer sa jonction avec l'amiral Solano, commandant une escadre de douze vaisseaux de ligne, dont un à trois ponts, le *Saint-Louis*.

Il y avait à terre, tant au Cap-Français, que dans la plaine du Cap, une armée Espagnole de dix-sept mille hommes de bonnes troupes, commandées par le brave général dom Galvez.

M. de G....... s'était déjà élevé un peu au vent, entre la Dominique et les Saintes, lorsque l'escadre anglaise, sous les ordres de l'amiral Rodney, qui avait appareillé de la rade du Gros-Ilet, île Sainte-Lucie, en même-tems que nous quittions le Fort-Royal, parut à porté de la nôtre, et donna lieu, le 9 avril, à un engagement, où le seul vaisseau le *Triomphant*, sur lequel je me trouvais embarqué, démâta un vaisseau anglais, le força de quitter la ligne, et, par sa manœuvre prompte, hardie et opportune, décida la journée en faveur des armes françaises.

A la suite de ce combat, où nous avions conservé l'avantage du vent, M. de G....... avait continué à s'élever entre la Dominique et les Saintes, dans le dessein de débouquer par le nord des îles Vierges, et de se joindre, sans coup férir, aux Espagnols, pour se trouver ensuite incontestablement supérieur, par terre et par mer, et s'emparer de la Jamaïque, suivant le plan de campagne tracé par le Cabinet de Versailles. Rien n'était plus facile que cette marche : un incident léger vint la déranger, et les circonstances qui en ont découlé sont telles, qu'il est possible que la révolution elle-même, n'eût pas eu lieu sans la catastrophe dont je vais parler :

Quœque ipse miserrima vidi.

L'escadre française se trouvant en bon train de débouquer entre la Dominique et les Saintes, mais obligée à de fréquens viremens de bord en louvoyant, il arriva que le vaisseau de 74 le *Zélé*, commandé par M. de la T......, aborda de nuit le vaisseau amiral la *Ville de Paris*, monté par le comte de G...

La faute était au *Zélé*, et provenait de la négligence d'un très-jeune officier de marine, alors de quart sur le *Zélé*. Le plus fort ayant endommagé le plus faible, le *Zélé* dut tomber sous le vent, fort empêché par la perte de son mât de misaine.

On le vit à la pointe du jour, s'éloignant de nous et dérivant vers l'escadre Anglaise qui tenait le plus près du vent, pour s'en rapprocher le plus près possible. M. le comte de G...., voyant la frégate l'*Astrée* à portée du *Zélé*, et placée, de manière, qu'en le remorquant, elle pouvait atteindre le port de la *Basse-Terre* (île Guadeloupe), fit signal à cette frégate de remorquer le *Zélé*.

L'*Astrée* perdait un tems précieux ; le *Zélé* se rapprochait des Anglais, et la manœuvre qui eût indubitablement réussi au premier moment, devenait douteuse et plus difficile quelques instans après.

M. de G...... récidive alors son signal, et l'appuie d'un coup de canon en désignant de nouveau l'*Astrée*. M. de G.... ayant une troisième fois répété son signal, appuyé d'un nouveau coup de canon, l'*Astrée* dut s'approcher du *Zélé*, pour le remorquer; il était trop tard.

C'est ici que M. de G..... commença une série de fautes les plus graves : il devait sacrifier le *Zélé*, dont la possession, ne lui importait nullement, eu égard au succès de la campagne. Ce succès était indubitable en ne se commettant point avant d'avoir acquis la supériorité par mer, comme nous l'avions déjà par terre.

Rien ne l'empêchait de suivre sa route et d'opérer sa jonction avec les Espagnols. C'était l'unique objet qu'il devait avoir en vue.

Il pensa autrement, et jamais plus grande sottise ne fut suivie de résultats plus désastreux.

L'escadre française était au vent à trois

lieues de l'escadre anglaise; le vaisseau *le Triomphant*, le meilleur voilier de l'escadre, était le plus avancé dans le débouquement, et nous n'apercevions que de fort loin, l'escadre anglaise parfaitement en ligne, serrant le vent, composée de trente-sept vaisseaux de ligne, dont six à trois ponts; tandis que nous n'en avions que trente et un, dont un mauvais trois ponts, la *Ville de Paris.*

M. de G... s'étant décidé au combat, donna le signal d'arriver sur les Anglais, sans observer d'ordre, et d'engager l'ennemi à mesure que les vaisseaux parviendraient à sa portée.

Nous étions à mi-canal, avec une brise de l'est carabinée. Il était sept heures du matin; l'escadre se couvrit de voiles. Le *Triomphant* laissant arriver et portant vent arrière, sur les Anglais dont il se trouvait le plus éloigné, les vaisseaux paraissaient immobiles, comparés à sa marche inconcevable. Nous filions *seize nœuds!* Dans un moment nous engageâmes le combat, dont l'issue devait être si cruellement funeste. Nous tirâmes le premier coup de canon à huit heures précises.

Liste des vaisseaux français au combat du 12 avril 1782.

La Ville de Paris,	110	L'Hercule,	74
L'Auguste,	80	Le Scipion,	74
Le duc de Bourgogne,	80	La Bourgogne,	74
Le Languedoc,	80	Le Destin,	74
Le Saint-Esprit,	80	Le Dauphin royal,	70
La Couronne,	80	Le Magnifique,	74
Le Neptune,	80	Le Réfléchi,	64
Le Triomphant,	80	Le Bien-Aimé,	74
Le Zélé,	74	Le Sceptre,	74
Le Glorieux,	74	Le Northumberland,	74
Le Citoyen,	74	Le Conquérant,	74
Le Souverain,	74	Le Marseillais,	74
Le Magnanime,	74	Le Palmier,	74
Le César,	74	L'Ardent,	50
L'Hector,	74	L'Éveillé,	64
Le Brave,	74	Le Sagittaire,	54
Le Pluton,	74	L'Expériment,	50

La *Ville de Paris*, le *Glorieux*, le *César*, l'*Hector* et l'*Ardent* furent pris; le *César*, sauta; le *Caton* et le *Jason* étaient à la Guadeloupe.

9 et 12 avril 1782.

LIGNE DE BATAILLE

DE L'ESCADRE ANGLAISE

Commandée par Sir G. R. Rodney, bt.

DIVISION D'AVANT-GARDE

DU CONTRE-AMIRAL SIR SAMUEL HOOD.

Vaisseaux.	*Capitaines.*	*Can.*
Royal-Oak,	Thomas Burnett,	74
Alfred,	William Bagne,	74
Montagu,	George Brown,	74
Yarmouth,	Anthony Parry,	64
Valiant,	S. G. Goodall,	74
Barfleur,	Sir Sam. Hood, Bart., John Knight,	90
Monarch,	Francis Reynolds,	74
Warrior,	Sir James Wallace,	74
Belliqueux,	Alex. Sutherland,	64
Centaur,	John Inglefield,	74
Magnificent,	Robert Linzee,	74
Prince Williams,	George Wilkinson,	64

Frégates :

Lizard, la Nymphe, Champion.

Zebra, Alecto, pour répéter les signaux.

DIVISION

DE L'AMIRAL SIR G. BRYDGES RODNEY, B^t,

Commandant en chef.

Vaisseaux.	*Capitaines.*	*Can.*
Bedford,	Commodore Affleck, Capt. Graves,	74
Ajax,	Charrington,	74
Repulse,	Dumaresq,	64
Canada,	Hon. William Cornwallis,	74
Saint-Albans,	Inglis,	64
Namur,	Robert Fanshawe,	90
Formidable,	Sir G. B. Rodney, b^t, Sir Ch. Douglas, b^t, John Symonds, Lord Cranston,	90
Duke,	Allan Gardner,	90
Agamemnon,	Benjamin Caldwell,	64
Resolution,	Right. Hon. P. Rob. Manners,	74
Prothée,	Breckner,	64
Hercules,	Savage,	74
America,	Sir Thompson,	64

Frégates :

Convert, Endymion, Aiarm, Andromache, Fortune, Alert, Sybil, Pegasus.

Salamander, Flora, pour répéter les signaux.

DIVISION D'ARRIÈRE-GARDE

DU CONTRE-AMIRAL FRANCIS DRAKE.

Vaisseaux.	*Capitaines.*	*Can.*
Russel,	Capt. Saumarez,	74
Prudent,	Barklay,	64
Fame,	Barbor,	74
Anson,	Blair,	64
Torbay,	Gidoin,	74
Prince George,	Williams,	70
Princessa,	Fr. S. Drake, esq., Capt. Knatchbull,	90
Conqueror,	Balfour,	74
Nousuch,	Truscott,	64
Alcide,	C. Thompson,	74
Arrogant,	Cornish,	74
Malborough,	Penny,	74

Frégates :

Blast, Triton, Sta Monica;
Eurydice, pour répéter les signaux.

Nous courions alors sur la Dominique, vers les terres les plus élevées de toute la chaîne des Antilles. Tous les marins savent qu'une fois à portée de ces côtes, dans la partie sous le vent (celle où nous portions), ou tombe en calme plat, et conséquemment il y a impossibilité de manœuvrer.

Cependant, la première chose en guerre est d'obéir; nous ne pouvions dévier de la route donnée sans les signaux de l'amiral. Nous avancions rapidement vers la terre, canonnant successivement les vaisseaux de la ligne ennemie, courant bord à contre de nous, et s'élevant vers le milieu du canal, lorsque nous allions de mi-canal vers la Dominique. Nos vaisseaux se formaient derrière nous à mesure qu'ils se trouvaient à portée de faire feu. Point de signaux de l'amiral. Il y avait urgence de virer de bord et impossibilité de s'y résoudre, en dépit de tout le mal qui devait résulter de notre bordée prolongée quelques minutes de plus.

Ce fut en ce moment que l'habile M. du Pavillon, à bord du vaisseau le *Triomphant*, où j'étais, prédit le désastre qui aurait lieu si, dans l'instant même, l'amiral ne faisait point le signal de virer de bord. *La Ville de Paris* se trouvant alors engagée, nous pensâmes que l'amiral (de taille gigantesque) avait été tué ou grièvement blessé, et que la confusion que cela pouvait causer à son bord, empêchait de donner les ordres qu'exigeait si impérieusement la circonstance.

Enfin nous tombâmes en calme, sous les mornes de la Dominique; les vaisseaux qui nous suivaient éprouvèrent le même sort: une division toute entière se trouva condamnée à l'immobilité, tandis que les Anglais gagnaient le vent et, par une manœuvre favorite, coupaient la ligne française, abordant un 74 avec un vaisseau à trois ponts, le froissant par le beaupré qui, dans sa chute, entraîne celle des trois autres mâts. Le vaisseau français *le Glorieux*, commandé par le brave Descars, se trouvait dans cette situation désespérée, ras comme un ponton, mais admirable à voir dans sa détresse, entouré d'ennemis, rendant feu pour feu, électrisant tout ce qui était à portée de le voir en si noble crise; son pavillon blanc héroïquement flottant sur le tronçon du grand mât réduit à cinq pieds de hauteur!

Les Anglais profitèrent habilement de leur

avantage pour se porter successivement en force supérieure sur des vaisseaux isolés.

L'*Hector*, l'*Ardent*, le *César*, furent tour-à-tour attaqués de cette manière, et forcés de succomber, sans qu'il fût possible de venir à leur secours. L'*Hector*, commandé par M. de la Vicomté, se défendit courageusement; l'*Ardent*, petit vaisseau moins fort que les frégates d'aujourd'hui, se rendit sans résistance; il n'en pouvait opposer aucune. La blessure à mort du brave capitaine Descars dut jeter le découragement dans son vaisseau, déjà hors d'état de manœuvrer. Sa noble résistance fut au-delà de tout éloge.

Cependant une confusion extrême régnait dans l'escadre. La fumée de six mille bouches à feu tonnant à-la-fois contribuait fortement à l'accroître. Il devenait impossible de distinguer si l'on tirait sur l'ennemi ou sur les siens.

Vers une heure, les choses étant dans cet *imbroglio*, la plupart des vaisseaux français, hors du calme et non engagés, quittèrent le champ de bataille pour prendre diverses directions. Il est douloureux de rappeler que les vaisseaux matelots d'avant et d'arrière de l'amiral, dans la ligne de bataille, furent les premiers à abandonner leurs postes.

Au déclin du jour, *la Ville de Paris* parut dans nos eaux, lentement sous voile, et poursuivie par l'ennemi, la canonnant de tous les points du demi-cercle formé en arrière d'elle.

L'horizon s'étant éclairci, nous permit de la voir isolée, sans que sa marche donnât le moindre espoir qu'elle sortît de la lutte inégale où elle se trouvait si malheureusement engagée.

Tous les vaisseaux français avaient successivement disparu, à l'exception de ceux dont l'ennemi s'était emparé, et du *Triomphant* et de la *Bourgogne*, fidèles au poste d'honneur, en dépit de la crise, et même du manque évident de toute chance de salut.

Le dernier de ces vaisseaux était commandé par M. de Charitte, un de ces hommes qui honorent à-la-fois et le corps où ils servent et le pays où ils sont nés. Le *Triomphant* était aux ordres du marquis de Vaudreuil, religieusement brave : j'entends désigner ce haut degré de bravoure, mille fois au-dessus de l'impulsion matérielle due à une surabondance de sang en des organes vigoureux; le vouloir n'est pour rien dans ce dernier cas; il y a nécessité de bravoure et peut-être besoin de carnage. L'apparence impose; mais il y a limite : il n'en est point au courage religieux. S'il pouvait en exister de supérieur à ce dernier, ce serait le courage résultant de la combinaison miraculeuse d'une certaine organisation donnant la force d'âme, jointe à la sublimité des ressorts créés par la religion, à la trempe de l'honneur chevaleresque et au fanatisme du dévouement à la patrie. Le produit serait un héros tel que Suffren....., tel que Nelson! Augmentez encore le prodige : supposez les hauteurs du vrai talent, une ambition gênée par la circonscription du globe, et toutefois raisonnée, sentie et basée sur la conscience intime de facultés largement transcendantes, et d'une particule divine prodiguement implantée......., vous aurez le plus grand des humains....., l'immortel César!

Micat inter omnes Julium sidus!

Cependant le marquis de Vaudreuil (déjà privé des habiles conseils de M. Du Pavillon, frappé à mort), nous assembla dans la chambre du conseil, et nous dit : Messieurs, mon intention est de porter secours à la *Ville de Paris*, et de lui donner une remorque. Ceci sera chaud; le dernier qui restera, trouvera mes papiers sous mon matelas. Chacun à son poste.........

Nous étions en panne depuis long-tems, attendant seuls, avec le vaisseau *la Bourgogne*, que *la Ville de Paris* nous joignît, pour lui donner une remorque.

Les vaisseaux anglais la pressaient alors des deux côtés et de l'arrière. Elle faisait feu tribord et babord. La tête de la ligne ennemie commençait à recevoir notre feu, et *la Ville de Paris* s'approchant de manière à tenter de la prendre en remorque, au moment où cette manœuvre allait s'exécuter, sous le feu de vingt vaisseaux ennemis, cette immense supériorité de forces la contraignit enfin d'amener son pavillon après une vigoureuse défense qui sauve l'honneur sans disculper de l'attaque la plus insensée qui fut jamais.

Dès que *la Ville de Paris* fut prise, nous fîmes servir. M. de V...... avait fait son devoir; en prolongeant le combat, il n'y avait d'autre chance que de faire prendre deux vaisseaux de plus.

Les Anglais enivrés de leur succès, fermèrent la ligne autour de *la Ville de Paris,* sans nous poursuivre.

Le combat qui avait commencé à huit heures du matin, ne se termina pour nous qu'à sept heures du soir. Une demi-heure après, *le César*, qui se trouvait dans nos eaux, prit feu et sauta en l'air; l'explosion donnant une effroyable clarté dans une immense horizon. Ce vaisseau était amariné; quatre cents Anglais et quatre cents Français y perdirent la vie.

Un chef de pièce, sous mes ordres sur le vaisseau *le Triomphant* de 80 canons, m'ayant engagé à voir si sa pièce était bien dirigée, tandis que nous ajustions ensemble, nos têtes pressées l'une contre l'autre, la sienne fut décollée par un boulet qui entra par le sabord; j'en fus quitte pour le changement de mon uniforme ; du blanc au rouge.

En arrivant à hauteur de la partie française de Saint-Domingue, nous rencontrâmes devant la Grange, l'escadre espagnole de D. Solano qui nous attendait. Nous entrâmes ensemble dans la rade du Cap-Français où nous jettâmes l'ancre. L'expédition de la Jamaïque fut manquée par cette fatale journée. Un an s'écoula pour en réparer les pertes ; et lorsque nous nous trouvâmes, de nouveau dans le cas de reprendre l'offensive, les Anglais firent habilement la paix. Elle fut signée au commencement de 1783.

Mercredi 14 *février* 1816. *Pointe-à-Pître, Grande-Terre ; (Guadeloupe.)*

Il y a bien peu de chose à dire sur cette ville, petit foyer révolutionnaire mal éteint. Tout y languit par l'état actuel des circonstances. On y attend, sous peu, des Suisses à la solde de France, et l'on se flatte que l'on sera moins mal, lorsque les vaisseaux français et américains, qui ne sont point admis à la Guadeloupe, y entreront de droit, et que l'on sera délivré de la présence des Anglais et de leurs douanes rapaces.

La situation de la Pointe-à-Pître est heureuse dans un sens, en ce que la rivière Salée qui s'étend entre la Guadeloupe et la Grande-Terre, permet d'y transporter les denrées d'une grande étendue de pays bien cultivé. Mais cet avantage est chèrement acheté par la privation d'eau, par un climat insalubre, par une chaleur insupportable sur une terre plate et sans ombrage.

Les habitans y sont jaunes et d'un aspect maladif. Le pays n'est tenable pour un Européen, qu'en y vivant dans une grande aisance; alors on en est quitte pour l'ennui et une sorte de débilité physique, ou de relâchement de nerfs qui rend la vie à charge et insipide.

Ceux qui résident ici, n'y étant venus que pour faire fortune, mènent un genre de vie agité dans le tourbillon des affaires commerciales. Le mouvement qu'ils se donnent ne pouvant être modéré, par la raison que la soif de l'or domine tout, il en résulte pour eux, diverses maladies, telles que l'épuisement, le ténesme, la jaunisse, et les douleurs hépatiques ou maux de foie extrêmement communs aux Antilles.

La population de la Pointe-à-Pître, prise en masse, semble appartenir à des classes très-inférieures. Ce qu'on appelait petits blancs, à Saint-Domingue y pullule; et l'on sait combien cette reine des colonies eut à se louer des hommes dont je viens de faire mention.

Il y a ici, comme partout, des troupes anglaises noires. On est ennuyé dès l'aube, de leur bruyante musique, mêlée au son des fifres et des tambours, de manière à faire fuir les gens à portée d'entendre du matin au soir, la plus dégoûtante monotonie répétée à satiété.

Ces noirs sont menés plus durement que les esclaves des habitations. Il faut peu de chose pour qu'ils soient mis à nud jusqu'à la ceinture et frappés de verges, le médecin touchant le pouls, afin d'arrêter les bourreaux aux limites de la vie.

C'était pour en venir là que l'on bataillait

pour l'abolition de la traite ! Les Anglais ne voulaient pas seulement ruiner la culture dans les colonies ; ils prétendaient encore, accaparant la traite pour leur propre compte, épargner à la métropole la perte considérable qu'elle avait à supporter en sujets britanniques lorsqu'elle tenait des régimens de ligne aux Antilles.

Ces régimens noirs, si multipliés aujourd'hui, ne sont que le noyau des forces de même genre qui existeront prochainement, lorsque le grand plan aura eu son exécution, que la totalité des Antilles recevra la loi de l'Angleterre, que l'affranchissement sera passé en loi. Alors les Anglais enrégimenteront cette immense population (y compris celle de Saint-Domingue), comme ils ont enrégimenté les paisibles habitans du *Gange* et de l'*Indus !* Mais tandis qu'ils conserveront leurs propres forces en Europe, afin d'y tenir plus facilement le rang de puissance de terre, du premier ordre (avantage dû à l'habilité de Buonaparte), tandis que la Baltique les verra importer et exporter en silence; tandis que la Méditerranée recevra leurs conditions, de Gibraltar à Smyrne et Alexandrie; un plan plus vaste achevera de se dévoiler envers les deux Amériques. Les troupes noires aidant au Midi, vomies de la Trinidad, de la Jamaïque, de Saint-Domingue, etc., se porteront sur divers points de la Côte ferme, en même tems qu'une partie attaquera le sud des Etats-Unis, circonvenus de toutes parts, intestinement agités, harcelés par les Indiens à l'ouest; au nord, par les troupes du Canada, et sévèrement bloqués par mer, avec un essaim de vaisseaux anglais, jusqu'à ce qu'Albion, du sommet de ses rochers, promène ses regards altiers sur le globe soumis!!!

Donec impleat orbem!

Dimanche 17 *février* 1816. *Pointe-à-Pître, Grande-Terre; (Guadeloupe.)*

Il y avait hier un bal de souscription auquel j'ai asisté moyennant quatre gourdes d'entrée. Les dames étaient en petit nombre;

la salle fourmillait de jeunes enfans très-incommodes, et que les parens feraient beaucoup mieux de laisser chez eux, dans leurs lits. Quelques officiers Anglais ont paru; leur danse de prédilection n'etait pas plus en faveur qu'ils ne sont eux-mêmes. Les parures très-médiocres; s'il y avait eu quelques jolies femmes ou demoiselles, elles eussent été éclipsées par une jeune anglaise de formes et de beauté remarquables. J'ai observé que dans un moment où elle dansait une walse en mesure grave, la musique ayant passé à la sauteuse, cette dame a immédiatement abandonné les rangs et repris son siége comme si ce genre de walse lui eût paru peu décent.

Au-dessus de la salle de bal on jouait à la marseillaise, un jeu très-modéré, très-confus, et qui indiquait passablement la misère des tems : la plupart des acteurs étaient des négocians du lieu.

Le bal a fini vers les quatre heures, et n'a nullement détruit ou modifié l'idée que je m'étais formée de la Pointe-à-Pître.

Dimanche 24 février 1816; Pointe-à-Pître, Grande-Terre; (Guadeloupe.)

Malgré l'enlèvement de quelques dames que le général Leith a galamment fait conduire d'ici à la Basse-Terre pour les fêtes qu'il y donne ces jours-ci, le bal de souscription qui a eu lieu hier était fort joli.

On y comptait un assez grand nombre de demoiselles dans tout l'éclat de la jeunesse, et fort agréables à voir, s'abandonnant au plaisir le plus vivement goûté par elles, celui de la danse.

Une autre passion, le jeu, domine ici les hommes et les femmes: le bruit des instrumens s'évanouit au son de l'or, et à la vue des cartes. Chacun vient porter son offrande à l'autel de la Marseillaise. Les hommes et les dames jouent confusément; il n'y a plus qu'un sexe comme il n'existe qu'une sensation unique: la soif de l'or!

Le père interrompt sans pitié la danse de sa fille, qui paraît tout-à-coup devant le tapis vert et, sans occuper les regards des acteurs, mêle et coupe les cartes, prend la corne, et tire le dez pour son papa.

La passion du jeu ne borne point ses ravages dans les limites de la ville; elle éclate avec plus de force encore dans les habitations. Un étranger arrive; on invite les personnes du quartier; la table de jeu est dressée en permanence. C'est beaucoup si, une fois en vingt-quatre heures, on se souvient qu'il est nécessaire de manger pour vivre; s'il en est question, la maîtresse demande encore une heure de retard, et s'il faut enfin supporter cette dure contrariété, du moins y met-elle tout le correctif en son pouvoir, par la célérité extraordinaire du repas *im-promptu*.

L'étranger qui projetait de repartir le lendemain de son arrivée, a compté sans son hôte; il ne doit plus songer à son départ avant l'épuisement de la société où il se trouve.

C'est là qu'on voit les membres d'une même famille jouer les uns contre les autres; frère contre sœur, la fille contre sa mère, sœurs contre sœurs, tout est permis! le délire est sans bornes.

Une dame, après avoir perdu tout son argent, il y a quelques années, perdait encore six cent mille francs sur sa parole: elle possédait une sucrerie de douze cent mille francs; elle propose de jouer les six cent mille francs qui lui restent; on accepte : elle gagne le coup! *Nec plus ultrà!*

Il meurt ici beaucoup de militaires noirs; la dureté du service qu'on leur fait faire est la cause vraisemblable de cette perte d'hommes.

Lorsqu'il meurt quelque nègre libre un peu aisé, on l'habille de ses plus beaux vêtemens; il est exposé en parade, sur son lit, entouré de cierges allumés. Ceux de sa nation se rassemblent dans sa chambre, où ils passent le jour et la nuit à faire fête, buvant, mangeant et chantant au son de leurs instrumens. De tems à autre, après l'enterrement, ils se rendent au lieu d'inhumation, où ils portent des fleurs sur la fosse du défunt.

Ces usages semblent provenir de quelque riant espoir qui leur promet une autre vie plus heureuse, et leur donne conséquemment tout le courage nécessaire pour supporter les peines de celles-ci.

Lundi 4 mars 1816; *trajet de la Pointe-à-Pitre à Marie-Galante.*

A onze heures du matin, je me suis embarqué sur une très-petite goëlette de huit tonneaux, capitaine P...., mulâtre. Elle était déjà sous voile, avec vent contraire. Au lieu de cinq ou six heures que l'on met ordinairement pour aller de la Grande-Terre à Marie-Galante, nous avons été douze heures à nous rendre à Saint-Louis, petit village à deux lieues au vent du Grand-Bourg. Nous avons mouillé là pour attendre le jour et nous reposer d'une très-dure traversée où le mal de mer et l'impossibilité de se tenir même assis, m'ont cruellement tourmenté ainsi que les autres passagers.

MARIE-GALANTE.

Marie-Galante, île de l'Amérique, une des Antilles, à dix lieues dans l'est de la Guadeloupe, et à six nord-est de la Dominique. Longitude, 63^d 25^m; latitude nord, 16^d. Elle a dix-huit lieues de circuit.

Christophe Colomb la découvrit en 1493. Les nombreux sauvages qui l'habitaient en furent chassés en 1648 par les Français. Elle fut vendue en 1649 à Boisseret, avec quelques autres îles. Les Anglais la prirent en 1692; mais les Français s'y rétablirent de nouveau. Les Anglais la reprirent en 1761, et la rendirent par le traité de Versailles, en 1763. Ils la reprirent encore en 1794. Elle formait trois cantons du département de la Guadeloupe. C'est un sol excellent; on y cultive beaucoup de sucre. Le tabac, le café et le coton y viennent à merveille.

Mardi 5 *mars* 1816.

A six heures du matin nous avons mis à la voile, longeant une côte basse qui limite une petite plaine assez fertile, laquelle s'étend en largeur, à un demi-quart de lieue, couverte d'habitations, de champs de cannes à sucre et de moulins à vent. A cette distance de la mer, un morne peu élevé se prolonge dans une direction parallèle au rivage.

A huit heures, nous sommes au Grand-Bourg, où l'on arrive par une passe difficile, pour éviter une caye sur laquelle il n'y a que deux pieds d'eau.

En descendant à terre, je me suis transporté chez M. le comte de M......, procureur du Roi; son père avait servi autrefois dans mon régiment. Il m'a donné des nouvelles de mon ami qui était invité à dîner en ville, ce qui m'a décidé à l'attendre.

Je suis allé ensuite rendre visite à M. de L.... pour qui j'avais une lettre de recommandation. Il fait ici les fonctions de commissaire civil. Un de ses oncles fut long-tems mon camarade; il était en Angleterre en même-tems que moi. Nous avons rappelé d'anciens souvenirs en déjeûnant ensemble avec son épouse et sa petite fille.

Le Bourg est fort petit : lorsqu'il arrive quelque bateau ou bâtiment quelconque, les désœuvrés se rendent au lieu du débarquement afin de voir les étrangers qui visitent cette colonie difficile à aborder en venant des autres îles situées sous le vent.

La Désirade en est fort près, encore plus au vent.

LA DÉSIRADE.

La Désirade, île de l'Amérique, une des Antilles, découvertes par Christophe Colomb en 1493, à sept lieues est de la Guadeloupe, par les 63d 30m de longitude occidentale; et par 16d 45m de latitude nord. Elle a environ sept lieues de long sur trois de large, et appartient aux Français ; les Anglais la leur avaient enlevée; ils la rendirent à la paix de 1763.

Les Anglais ont ici, comme dépendance de la Guadeloupe, un officier et quelques soldats noirs.

Mon camarade, M. de C....., devant venir dîner en ville, chez M. T...., celui-ci m'a fait l'honnêteté de m'inviter; j'exprimerais difficilement de quel charme a été pour moi la vue de ce loyal chevalier, mon ancien compagnon d'armes.

Après dîner, nous sommes partis à cheval pour nous rendre à son habitation, à une heure du Bourg.

Nous avons traversé un fort joli pays parfaitement cultivé; quoiqu'il fût tard, nous avons fait la route avec une brise charmante que je respirais avec d'autant plus de plaisir, qu'elle est très-peu sensible à la Pointe-à-Pître d'où je venais.

Sur les huit heures du soir, je suis enfin arrivé sous le toit hospitalier de mon ami qui m'a présenté à sa femme, en me montrant les jolis enfans qu'elle lui a donnés.

Le souper a été gai et mêlé d'anciens souvenirs que nous nous plaisions à rappeler, réunis comme par miracle, sur le théâtre même de nos premières campagnes, à quinze cents lieues de la terre qui nous vit naître.

*

Jeudi 7 mars 1816; *île de Marie-Galante; habitation Calbiac.*

La température ici est délicieuse; il fait presque froid, sans être à une grande hauteur.

Marie-Galante peut être considérée comme une île plate, relativement à la plupart des Antilles; cependant l'intérieur de l'île a quelques élévations où le climat est extrêmement agréable par la constante fraîcheur dont on y jouit. La vue est riante et variée; le terrain étant accidenté, couvert de bois et d'habitations très-rapprochées entre elles, les unes en plaine, les autres sur la crête ou le penchant des mornets, celles-ci sur des plateaux environnés de ravines, celles-là dans les bas-fonds.

Les moulins à vent sont en usage et peuvent agir sans interruption, parce que l'île étant fort petite, la masse de vapeurs qui en est élevée ne peut, en retombant, arrêter le cours de la brise du large.

On y cultive du sucre, du café, du coton, du maïs, du riz, de très-belles ignames, du manioc et toutes sortes de légumes d'Europe.

Il ne serait pas possible de tenir ici sans être vêtu de drap. On supporterait facilement une redingote le matin et le soir, du moins dans la saison actuelle.

Vendredi 8 mars 1816.

Hier après midi, mon ami et moi nous fûmes à cheval à une caféyère située sur un joli plateau d'où le point de vue très-agréable, laisse voir en échappé, la mer et partie de la Guadeloupe sur un point, et un panorama de verdure mélangé de bois, de champs, de maisons, de petites éminences, et de ces cavités si communes à Marie-Galante. Cet aspect, joint à la fraîcheur de la température, rappelle si parfaitement la France, et particulièrement quelques sites de certaines provinces de l'intérieur, qu'on se croit transporté en Europe dans une belle contrée, aux plus riantes époques de l'année.

Nous étions invités à dîner chez M. de B..., où nous avons trouvé vingt habitans rassemblés, la plupart venus sur de bons chevaux créoles, de petite taille, mais d'une marche sûre dans les pas difficiles en montant ou en descendant, sans que le cavalier soit tenu de les veiller. On voit aussi quelques chevaux anglais; ces derniers se vendent cher; les autres sont dans les prix de quinze à vingt moades (de six à huit cents francs de France.)

Les convives dont nous faisions partie se composaient de créoles et d'européens de différentes conditions et de divers états, réunis sous le même niveau; et par l'ancien usage des colonies qui ne distinguait que deux classes d'individus (les blancs et les noirs), et par la rareté des personnes de quelque éducation; rareté qui oblige à voir toutes celles qui peuvent vivre avec aisance dans un état ou genre de vie honnête.

Les chemins principaux ne sont pas mauvais dans l'île, vu que le fond en est de roche calcaire, mais il y a souvent à gravir et à descendre, et l'on n'a pas eu le soin de ménager les pentes autant qu'il eût été possible. Quand il s'agit de quitter ces routes pour atteindre une habitation qui s'en trouve à quelque distance, il faut aller à travers pays, se faire jour en dépit de tout ce qu'on rencontre, bourbiers, plantations, halliers dont les arbustes épineux menacent d'aveugler, déchirent les vêtemens, et laissent découler une rosée qui vous trempe comme la plus abondante pluie.

Arrivé au lieu où l'on dîne, tout est ouvert, portes, fenêtres, corridors, galeries; le vent circule de toutes parts. Les courans d'air désolent l'européen nouveau venu, sans cesse en transpiration, tandis que le créole desséché ne sent pas cet inconvénient.

On a pris l'usage anglais de boire un verre de vin successivement avec toutes les personnes de sa connaissance ; viennent ensuite les interminables *toasts ;* puis de mauvais café, mauvaise liqueur, du mauvais sirop en guise de sucre, et enfin du mauvais tafia. Bref, vous sortez de là malade, pris de douleurs, et la transpiration supprimée, après avoir couru le risque de vous casser le col.

Lundi 11 *mars* 1816; *Marie-Galante ; habitation Calbiac.*

Marie-Galante est une île de forme ovale. Son petit diamètre est d'environ quatre lieues ; le grand diamètre n'en a pas plus de cinq. Elle a trois bourgs, dont le principal, nommé le Grand-Bourg, est au midi; Saint-Louis, à la côte de l'ouest, et Sainte-Anne, ou la Cabesterra, à l'est.

Les hauteurs de l'île sont très-saines; elles offrent des sites fort agréables, d'où la vue s'étend au loin sur des perspectives plus ou moins variées; les unes bornées à l'intérieur; d'autres découvrant à-la-fois ce même intérieur et la mer, et diverses îles telles que la Dominique, les Saintes, la Guadeloupe, etc.

Les bas-fonds sont marécageux et humides; il s'en élève des exhalaisons insalubres qui font déprécier le voisinage de ces lieux dans les parties qui s'en trouvent sous le vent.

Tout le terrain qui n'est point en culture est couvert de bois et de savannes remplis d'herbes et de plantes d'espèces variées à l'infini, et qui occuperaient agréablement les loisirs d'un botaniste éclairé.

Les bois durs se trouvaient autrefois en abondance dans l'île; mais le laps de tems considérable depuis lequel on a formé les premiers établissemens, a suffi pour épuiser presque en totalité, ces précieuses productions. Elles sont devenues excessivement rares et partant, d'un très-haut prix.

Les terres elles-mêmes se ressentent d'une culture continuée sans repos, depuis près de deux siècles. Les caféyères sont à bout et abandonnées, ou sur leur déclin en grande partie.

Les terres des sucreries sont bonnes, mais elles veulent des engrais dont elles payent largement la dépense, en donnant alors une quantité de sucre, double de ce qu'elles eussent rapporté sans cela. La plupart de ces sucreries n'ont pas la quantité de bras nécessaires. Les nègres surtout, y sont très-rares; on compte quatre femmes pour un homme. Les mâles ont été consommés par la guerre, ou par mille causes provenues de l'état de désordre et d'insurrection où la colonie et celle de la Guadeloupe ont été livrées depuis vingt ans. Les esclaves y sont beaucoup mieux traités qu'ils n'étaient autrefois à Saint-Domingue. Leurs cases sont plus spacieuses; les jardins plus étendus de beaucoup et mieux cultivés. Ils ont à eux le samedi et le dimanche; et ils profitent ordinairement de ces journées pour aller dans les bourgs où ils vendent des fruits, des volailles, du bois de campêche, etc., avec lesquels ils se procurent quelque peu d'argent ou les petits objets dont ils ont besoin. En général, le rum est ce qui les tente davantage; ils sacrifient tout pour se procurer cette eau-de-vie de sucre que l'on fait dans les habitations. Une barrique de gros sirop de la contenance de deux cent quarante bouteilles, doit donner près de cinquante galons, ou à-peu-près la même quantité de bouteilles de rum.

On se sert ici presque exclusivement de moulins à vent. Ils coûtent environ soixante mille francs à établir, et demandent une bonne brise pour être en jeu, vu la résistance qu'opposent les cannes à sucre en passant et repassant simultanément entre les cylindres.

Vendredi 15 *mars* 1816; *Marie-Galante; habitation Calbiac.*

Avant-hier, je suis allé voir l'habitation Ch..., à peu de distance de celle où je demeure ; elle est placée sur une élévation d'où l'on découvre la mer par un échappé dans la direction de la Pointe-à-Pître. Le propriétaire qui a laissé une aimable et jolie veuve de vingt-deux ans, avait embelli ce local où, contre ce que l'on a coutume de voir dans les colonies, il avait formé un jardin d'agrément, et très habilement tiré parti d'un terrain à portée de la case, précédemment peu gracieux à la vue. On y a pratiqué des allées en gazon, des tonnelles en barbadines, des carreaux pour légumes qui y viennent à merveille. Un pavillon pour le bain, des pièces d'eau où l'on entretient du poisson ; un riant mélange de fleurs d'Europe et du pays, une très-grande variété d'arbres épars çà et là, de feuillage et de fruits diversifiés, charment la vue et produisent un effet d'autant plus agréable, que le terrain naturellement inégal, a préservé de cette régularité monotone et de ces alignemens révoltans que la barbarie a tracés avec tant de ténacité dans la presque totalité des jardins français, à commencer par le jardin royal des Tuileries qui, à mon avis, fortifié du sentiment de Pope, est le type du mauvais goût. Les principaux arbres que l'on voit dans le jardin de l'habitation Ch.... sont, le rocou, dont la graine donne un rouge vif, le cerisier des îles, le cotonnier soyeux, l'amandier, le noyer, dont le bois est précieux, le galba, ressemblant au laurier, l'immortel, arbuste à fleur rouge nacarat, d'une grande beauté (on a coutume de planter un de ces arbustes contre les pierres posées aux limites des propriétés), le bananier, le citronnier-cédrat, l'oranger, le figuier, le pommier d'acajou, le pommier-rose, le lilas, légèrement différent de celui d'Europe, inférieur en beauté et en fraîcheur de feuillage, mais donnant la même odeur; l'avocatier, dont le fruit a le goût de beurre frais, l'abricotier, le calebassier, très-petit arbre portant le plus monstrueux des fruits, le cassier (arbuste médicinal), le palmiste et le cocotier, etc. etc.

Parmi les plantes, nous avons vu avec plaisir des fraisiers remplis de fleurs, des violiers, des rosiers, la plupart inodores; le roseau des Indes, et une foule d'autres que la hauteur du lieu et la fraîcheur de la température ont permis d'y cultiver avec succès. Là, comme ailleurs, l'atelier est presque entièrement composé de femmes, par les mêmes causes dont nous avons déjà rendu compte.

Cet après midi, je suis allé à cheval à l'habitation de M. de G...... chevalier de Saint-Louis, le seul qu'il y eût dans l'île avant que j'y fusse arrivé. Nous avons dû traverser une immense ravine d'environ cent toises de profondeur, allant de l'est à l'ouest, vers la côte de Saint-Louis; elle est sans eau; mais les terres qu'elle divise offrent un agréable coup-d'œil par la nature sauvage de ces lieux écartés et solitaires, et la variété intéressante de mille productions indigènes confusément croissantes sur les hauteurs, sur l'escarpement des côteaux et dans la sombre profondeur des vallées. Le bois de fer est commun dans cette partie de l'île; on y voit aussi le bois-canon, dont l'intérieur est vide; le bois-d'inde, le balata, l'acomat, bois durs de grand prix qui tient du figuier, et un grand nombre d'autres.

Sur les escarpemens, on aperçoit des cafiers abandonnés, ou près de l'être, par l'épuisement des terres que les pluies entraînent dans les fonds où elles entretiennent la végétation des bananiers, des maniocs, et de quelques racines pour la consommation des nègres.

Dimanche 17 *mars* 1816; *Marie-Galante; habitation C.....*

Dans l'asile d'un ancien preux,
Jeté par la Fortune amie,
Avec ses enfans et sa mie,
Mes jours s'écoulent plus heureux
Que dans aucun tems de ma vie.
Santé, repos et bonne compagnie,
Amis de cœur; que désirer de mieux?
Toit modeste avec abondance,
Loin de nous soucis et chagrins,
Chère lie et force bons vins,
Toutes les douceurs de l'aisance;
Riant climat, toujours beau tems,
Ciel azuré, jamais d'autans,
Point d'étiquette, point de gêne,
Fraîcheur due à la douce haleine
Des vents d'est à jamais constans;
Des hôtes par trop prévenans,
Trois aimables garçons, une petite fille
Vive, intéressante et gentille;

Tous empressés et complaisans.
Calme, gaîté dans la famille;
Des livres pour quelques momens;
Et tour-à-tour, en passe-tems,
Bains et toilette et promenade,
Course à cheval et galoppade
Le soir au coucher du soleil;
Puis enfin l'heure de la table,
Et, sans vaisselle de vermeil,
Souper charmant et délectable;
Doux entretien, puis l'heure du sommeil;
Puis d'un rêve l'heureuse fable.
Et quand l'aurore de retour,
Insinuant ses doigts de rose
A travers ma porte mal close,
M'annonce encore un plus beau jour,
Frais et dispos, prêt à tout exercice,
Bientôt debout, je songe avec délice
Que les plaisirs vont naître tour-à-tour.

Lundi 18 *mars* 1816; *Marie-Galante; habitation L.......*

J'étais invité à dîner hier chez M. et madame L......., sur leur habitation. J'y ai trouvé un grand nombre de convives, parmi lesquels on distinguait Madame .... âgée de 17 ans, déjà mère, très-belle femme, et d'une blancheur que l'on est surpris de rencontrer entre les tropiques. On a servi un dîner splendide, à la suite duquel chacun s'est rendu chez soi, sans que ce rassemblement ait donné lieu à beaucoup de gaîté.

L'usage est d'arriver de très-bonne heure dans les maisons où l'on doit dîner; il en résulte beaucoup d'ennui pendant quatre heures qu'il faut attendre un repas dont les apprêts s'achèvent péniblement, parce qu'il est souvent au-dessus des moyens de celui qui le donne, et que le train de maison n'est nullement monté pour cela.

Aujourd'hui je suis allé à cheval à la Cabesterre, très-petit bourg sur le bord de la mer, au vent de l'île. Il était plus considérable autrefois; il n'y reste que quatre blancs et quelques hommes de couleur. On y embarque les sucres des habitations qui s'en trouvent à portée.

Sa situation n'est point désagréable, quoiqu'il y fasse un peu chaud, et que le terrain soit de sable.

Le coton vient très-bien aux environs, sur ce même sable. Le rivage est bordé de mancenilliers, dont les pommes cachent un poison très-dangereux. On y voit aussi des raisiniers-bord-de-mer, et de charmantes promenades en poiriers du pays, auxquels viennent aboutir des haies de galba, divisant les carrés plantés en coton, afin de les protéger contre le vent que cet arbuste redoute beaucoup.

On plante le coton de graine; il donne au bout de six mois et continue à porter pendant trois ou quatre ans, après quoi il est nécessaire de planter de nouveau. Cette culture est celle qui exige la moindre quantité de bras.

La route que j'ai traversée pour me rendre à la Cabesterre (ce bourg se nomme aussi Sainte-Anne), est très-belle, quoique faite à travers des mornes difficiles et en rochers. Ces hauteurs et même la presque totalité des terres jusqu'à la mer, dans cette partie, sont couvertes de bois curieux à observer et fort agréables à la vue. Ces retraites étaient autrefois meublées d'arbres monstrueux et de bois dur; ces ressources précieuses sont aujourd'hui épuisées, la nature ne suffisant point à réparer les dégradations continuelles de la cognée européenne. Néanmoins le coup-d'œil est d'une grande fraîcheur. On distingue, parmi des milliers d'arbres entrelacés par des lianes et croissant de toutes parts, sur les plateaux, sur les escarpemens des ravines, dans la profondeur de leurs abîmes et sur la crête des mornes, l'ancelin, bois dur très-estimé, le raisinier de mer, et le raisinier-à-grapes, l'abricotier, le bois immortel, le bois de campêche, l'acacia, le bois d'inde, le ganipa, le figuier maudit, le mancenillier, et surtout le poirier, qui est le plus commun de tous.

Le rivage en face du bourg, est entouré de récifs qui laissent une passe pour les bateaux et goëlettes.

Mardi 19 *mars* 1816; *Marie-Galante. Sucreries.*

Dans la plupart des sucreries de l'île, on ne fait que du sucre brut, au lieu de sucre terré : celui-ci se vend plus cher, mais les frais qu'il entraîne sont plus considérables, et dans un cas pressé, l'habitant ne peut vendre et livrer sa denrée aussi promptement que s'il se borne au sucre brut. Avec ce dernier, la canne aujourd'hui sur pied, est convertie en denrée, prête à livrer sous quatre jours, et à transporter en mer immédiatement.

On plante ici généralement, la canne d'Otaïty; elle donnait beaucoup dans le principe; mais elle a dégénéré.

Les terres et plaine sont labourées avec des bœufs comme en France; les autres se travaillent à la main; on fait, dans l'alignement des sillons, des traces de deux pieds carrés où l'on enfonce le plant, qui est la partie supérieure de la canne, coupée à cinq ou six pouces au-dessous de sa tête, et taillée en bec très-allongé dans son épaisseur. La canne emploie seize mois à mûrir; mais l'usage ici est de ne la couper qu'à dix-huit mois; elle donne plus de sucre après ce terme, et lorsqu'elle est coupée, dans la saison sèche qui précède l'hivernage, elle est beaucoup moins aqueuse et donne de meilleur sucre.

La partie de la canne, depuis le plant jusqu'à la racine, est passée et repassée au moulin, d'où le jus appelé le *vesout*, coule dans la première chaudière de l'équipage; cette chaudière se nomme la grande ; son diamètre est d'environ soixante pouces. De la grande, le vesout passe à la seconde chaudière, dite la propre; de la propre, il passe à celle qu'on appelle le sirop ; et enfin à la quatrième, dite la batterie, sous laquelle est le foyer, dont l'extension par tuyaux va chauffer le dessous des trois autres chaudières.

C'est dans la batterie que le sucre est achevé, et mis au point où il doit être avant d'entrer dans le rafraîchissoir, d'où il est versé dans un vaste récipient de bois, où il se fige. Il est ensuite concassé, et pilé pour être mis dans des boucauts que l'on place debout sur des traverses supportées par un autre récipient ou grand plateau de bois avec des bords, dans lequel s'écoule le sirop provenant des boucauts. Dès que l'écoulement du sirop est terminé, on ferme les boucauts;

le sucre couleur d'or est préféré. Dès ce moment, il peut être transporté et mis à bord des vaisseaux pour aller en mer.

Ce sirop, provenant de la cuisson du sucre et de l'écoulement, est converti en rum par la distillation. Le rum est de bon débit; les nègres, en raffollent; la grande partie de l'argent qu'ils peuvent se procurer est employée à l'achat de cette liqueur.

Les habitans des hauteurs, outre l'avantage d'une température plus saine et plus fraîche, ont encore celui de posséder les bois d'où ils tirent sans frais, le merrain pour les boucants, le bois de chauffage, celui qu'on emploie au charronnage, le bois dont on fait les essentes pour les toitures, et celui qui entre dans la construction des maisons.

Au contraire, dans les plaines d'ailleurs très-fertiles, où la totalité du terrain est cultivée en cannes, on est sans cesse aux expédiens pour se procurer même le bois pour la cuisine: on n'a souvent que la ressource de la bagasse ou canne desséchée. Il faut tout acheter; le nègre qui ne peut vivre sans feu, est doublement au martyre, et par la privation d'un article de première nécessité pour lui, et par la difficulté qu'il éprouve pour la cuisson de ses alimens.

Jeudi 21 *mars* 1816; *Marie-Galante.*

Il y a un an que je quittai Paris pour suivre le Roi de France. Les évènemens me jetèrent en Amérique, et de là aux Antilles; puis sur les côtes de la Terre-ferme. Hier, à pareil jour, j'assistais à une noce, sur l'habitation de M. B......, qui mariait une de ses filles. Il y avait cinquante personnes. Nous arrivâmes vers onze heures à ladite habitation, en traversant un tapis de verdure, sur lequel s'élèvent de jeunes palmistes formant avenue. Le mauvais tems se déclara peu après, et nous fit faire la triste épreuve de l'inconvénient d'être campé au lieu d'avoir un logement convenable et bien fermé, du moins à volonté. Un air froid et incommode circulait dans les appartemens; l'on n'y était pas entièrement à l'abri de la pluie près des croisées, en partie édentées ou sans jeu.

En général, les Français sont durs (comme j'ai eu souvent occasion de le remarquer), et très-insoucians pour ce que les Anglais appellent *comfortable*.

A midi, l'officier civil a fait le mariage; les témoins ont signé le contrat. Cela fait, la compagnie se divisant de côté et d'autre assez tristement, on n'a usé de la ressource du jeu que pour un réversi, fort étonné d'être de la noce qu'il n'égayait nullement. Il a fallu attendre six mortelles heures avant que l'on dînât. On s'est enfin mis à table aux flambeaux. Après la santé du Roi, les chansons ont commencé; les unes gaies, les autres grivoises; enfin les violons s'étant fait entendre, les convives ont en hâte quitté la table pour passer dans la salle où l'on a dansé avec passion pendant la nuit entière.

Les contre-danses n'étant plus en harmonie, la musique a donné le signal de la......, danse créole, en mesure vive, bordant les limites de la volupté.

La jeune mariée, belle femme, au corps

de nymphe, s'est élancée dans l'arène, figurant seule avec un cavalier.

Je ne sache pas que j'aie jamais pris autant de plaisir à voir danser :

Imaginez une taille légère,
Belles formes tout-à-la-fois ;
Sourire trop certain de plaire,
Et le fini des traits d'un séduisant minois :
Voyez sa main sur sa hanche placée,
Dessiner d'heureux plis avec le lin flottant
De sa robe un peu retroussée ;
Voyez sa tête redressée
Son regard presque délirant :
Ses cheveux tressés avec grâce,
Où la perle, en festons, s'unit au diamant ;
Voyez ses pieds dansant en place,
Et dont l'agilité surpasse
Les doigts de la gentille enfant,
Qui de menus fils entrelace.
Rappelez-vous le marbre Canova,
Figurant une Therpsicore,
Aux appas mi-voilés, plus stimulans encore ;
De l'art, c'est le *nec plus ultrà* :
Ajoutez-y le mouvement et l'âme,
Le charme de Vénus en ses plus beaux portraits,
Du Dieu d'amour le carquois et les traits,
Vous aurez un croquis de cette jeune femme,
Au plus beau de ses jours et dans tous ses attraits.

La danse portée au degré de sa plus vive

ardeur, marqua l'instant où la jeune mariée dut être conduite au lit d'hyménée :

De vingt jeunes beautés que le plaisir anime
Amour vient faire l'examen :
Le dieu cruel exige une victime ;
Il la saisit et la livre à l'Hymen.

. . . .

C'en est fait : et le traître ayant joué son rôle,
Adapte de nouveau ses ailes et s'envole,
En laissant les époux, de leurs feux délivrés,
Calmes au même point qu'ils étaient enivrés.

Suivant l'usage du pays, l'épouse avant de monter au lit nuptial, avait envoyé sa jarretière aux témoins.

Il y avait à cette noce infiniment plus de gaîté et d'abandon qu'on n'a coutume d'en voir aux bals qui se donnent dans les villes. La danse est décidément le goût dominant des dames créoles ; on ne peut juger de leur excessive passion pour cet exercice à moins de les avoir vues s'y livrer. Elles dansent à merveille, et avec une grâce infinie; la plupart sans avoir jamais appris. Si dans une famille, une demoiselle a reçu quelques leçons, c'est elle qui montre ensuite à ses sœurs, et leur tient lieu de maître.

L'équinoxe se fait sentir ici; mais celui de mars n'y est pas redoutable comme en Europe. Le vent souffle avec plus de violence qu'à l'ordinaire; les grains sont fréquens, quoique ce soit maintenant la saison sèche jusque'à l'hivernage qui commencera vers la mi-juillet pour se prolonger jusqu'en octobre.

Aujourd'hui le tems est presque froid; l'humidité qui l'accompagne ferait supporter le feu et le rendrait agréable. Cette température est particulière à Marie-Galante; les îles les plus voisines, particulièrement la Grande-Terre, sont loin de jouir d'une pareille fraîcheur.

Lundi 25 *mars* 1816; *Marie-Galante, habitation S.-G......*

Nous fûmes hier à l'habitation S.-G..... où nous étions invités à dîner. Nous y trouvâmes une douzaine de dames ou demoiselles, et le chef d'administration de l'île, douze ou quinze propriétaires, quelques personnes du Grand-

Bourg, et un ancien officier auxiliaire de la marine, depuis dans la marine de l'Etat sous Buonaparte, le brave capitaine R... qui, à l'aide de soldats de ligne de l'ancien régime, embarqués sur la corvette la Bayonnaise, qu'il commandait, eut le bonheur de s'emparer, il y a quelques années, de la frégate anglaise l'*Ambuscade*.

J'ai été fâché en entrant dans le salon de n'y voir, pour tout ornement, que de mauvaises gravures représentant l'usurpateur.

Le dîner était servi à la manière du pays, c'est-à-dire, avec la profusion dont les habitans se plaisent à faire parade en pareille circonstance. La dame de la maison, jeune femme d'une société douce et agréable, a dans ses politesses toute la franchise et la cordialité des femmes créoles. C'est une nuance toute particulière, d'un genre d'amabilité plein de naturel et extrêmement piquant. L'habitation est considérable, et s'élève à la valeur d'un million (argent des colonies.) Elle est située vers le centre de l'île, sur un terrain qui paraît extrêmement usé, à deux ou trois cents toises autour de la maison ; mais elle comprend un très-grand nombre de carrés de terre ; le manque d'ombrage, près de la case, en dépare un peu l'apparence.

L'avant-dîner s'est passé assez tristement ; les femmes assises les unes près des autres, sans hommes ; ceux-ci causant par petits groupes, tandis que d'autres entourés de spectateurs, jouaient au reversi qui paraît avoir la vogue depuis qu'on a renoncé à la Marseillaise, et autres jeux d'où naissent de fréquentes querelles, et des pertes souvent considérables.

On a dîné dans ce qu'on appelle la galerie, c'est-à-dire une sale en boyau, ouverte à tous les vents, et où l'on est infiniment moins à l'aise qu'on ne serait dehors. L'usage le veut ainsi. Les ameublemens quelconques sont à-peu-près inconnus ; tout ce qui n'est point donné au luxe de la table, passe à l'entretien de la sucrerie, et aux frais multipliés qu'elle entraîne.

Ceux qui ne sont point nés dans les colonies, et qui ont vécu dans l'aisance à Londres et à Paris, s'accoutument avec peine à ce genre de vie, à la diable, sans compter qu'ils souffrent horriblement des courans d'air qui les saisissent, en suppriamnt la transpiration, et les condamnent à de violens mal aises, souvent à de graves maladies.

Lundi 1er *avril* 1816; *Marie-Galante; habitation R.......*

Je me rendis hier à l'habitation de M. R....., qui m'avait invité à dîner avec mon camarade et notre voisin, M. le chevalier de G..... Nous y trouvâmes un grand nombre d'hommes, mais point de dames; la maîtresse de la maison était allée au Bourg le matin, et avait fait dire que s'étant trouvé incommodée, il lui serait impossible de venir faire les honneurs de chez elle.

L'habitation R....... occupe un site assez triste. Les terres n'y sont pas de très-bonne nature. Le coup-d'œil est nu aux environs de la case; les yeux se portent désagréablement sur une grande mare couverte de joncs, laquelle se trouve au vent, et dans le tems de chaleur, doit donner de mauvaises exhalaisons.

Pour se rendre chez M. R......, du côté par où nous venions, on passe sur une hauteur d'où l'on découvre à-la-fois la Martinique, la Dominique, les Saintes et la Guadeloupe, avec une vaste étendue de mer. Les habitations Welsh et Ovigée, sont sur cette élévation. Cette dernière a de l'apparence; la case est beaucoup plus belle que la plupart de celles qu'on voit ordinairement dans les Colonies.

J'ai vu dans le jardin de M. R..... une assez grande variété d'arbres parmi lesquels on distinguait : le prunier du Chili, donnant un fruit estimé; l'arbre qui produit la grappe de Cythère; le sapotier; son fruit, la sapote, est de même couleur que la sapotille; le caymitien, etc. etc.

Mardi 16 *avril* 1816; *Marie-Galante.*

Les femmes qui ont le plus de fortune ici, se plaignent avec assez de justice du genre de vie désagréable auquel elles se trouvent assujéties.

En effet, les soins dont leurs propres intérêts les obligent de se charger sont extrêmement multipliés, et ne leur laissent pas un seul instant de repos. Cette activité seule les contrarierait, à raison de leur indolence naturelle, n'eussent-elles à s'occuper d'aucun détail minutieux ou répugnant, ou trop au-dessous de leur condition. Quels dégoûts ne doivent-elles point éprouver lorsqu'il est nécessaire qu'elles parcourent journellement une série d'occupations plus ou moins repoussantes, plus ou moins en opposition directe avec leur sexe, leur état, leur éducation, et les idées de bonheur auxquelles on se plaît à se livrer lorsqu'on jouit de quelque aisance?

Une dame créole, vivant sur son habitation, outre les soins divers qu'exigent ses enfans, et l'éducation qu'elle doit leur donner, faute de maîtres; outre la conduite ordinaire du ménage, a mille autres charges encore de nature choquante, et plus pénibles les unes que les autres.

Levée dès le point du jour, elle doit surveiller les travaux de l'atelier, ceux de la sucrerie, ceux de la vinaigrerie (où se fait le rum), ceux des divers ouvriers de l'habitation, etc. etc. A chaque instant son repos est troublé.

C'est une plainte qu'on lui porte; c'est un vol qui lui est dénoncé; un nègre qui s'est mutilé, et qu'on doit panser; une négresse qu'il faut faire châtier; un domestique qui vous fait perdre patience par sa bêtise, sa mal-adresse, son indolence ou sa fourberie.

C'est la visite de l'hôpital qu'il importe de faire : un nègre mourant auquel il faut voir administrer des médicamens dans une case fétide, où l'on est exposé à perdre sa santé. C'est un accident au moulin, ou la perte d'un cheval, d'un mulet ou de quelque autre bétail. Ce sont des tracasseries pour les chemins, des assignations pour procès, ou demandes de paiemens, ou visites d'avoués, de notaires, prêts à vous entraîner à des frais ruineux.

C'est la distribution de vivres à une armée

de négrillons, de négrites, de femmes enceintes ou convalescentes; sans que la dame propriétaire puisse, en aucun de ces détails fatigans autant qu'ils dégoûtent, se faire remplacer, et donner sa confiance à qui que ce soit.

C'est un économe mal élevé, qui vous gêne à votre table, et se prévaut de la nécessité momentanée de le garder, pour exiger impérieusement plus qu'il ne mérite ou qu'il n'a droit d'attendre.

C'est la monotonie de ce genre de vie, et souvent le manque d'espoir de le voir finir ou de pouvoir réaliser les moyens d'aller en France, jouir d'un sort plus doux, qui expose à des maladies de langueur, à un délabrement total de santé, des personnes riches et bien nées, appelées par leurs qualités à toutes les jouissances de la bonne société, et qu'une dure fatalité enchaîne sous leurs toits solitaires, bornées à la triste contemplation de la nature sauvage, de l'homme en servitude, et des maux affreux auxquels il est en proie.

Vendredi 19 *avril* 1816 ; *trajet de Marie-Galante à la Pointe-à-Pître ; Grande-Terre (Guadeloupe.)*

A onze heures, embarqué sur le bateau le Saint-J......, capitaine J..... ; beau tems, petite brise du sud-est. On découvre à-la-fois la Dominique et la Guadeloupe, dont les hauteurs semblent se défier réciproquement ; au nord-ouest, la Grande-Terre ; dans le nord, Marie-Galante. (Il est à remarquer que ces deux dernières îles sont plates, et se trouvent placées sur une même ligne, au nord des deux autres) ; les Saintes à l'est de la Guadeloupe, et la Désirade au vent de toutes ces îles, dans le nord-est.

Les sommités de Marie-Galante sont à-peu-près de niveau, et ne passent guère la hauteur de cent toises au-dessus de la mer. Leur plus grande élévation est au nord. Les rivages y sont coupés à pic jusque près du bourg de Saint-Louis, où commence une jolie plaine qui s'étend au-delà du Grand-

Bourg, dans une longueur d'environ trois lieues, sur une demi-lieue de large.

Cette plaine, très-fertile et couverte de riches sucreries, est très-mal-saine; les habitans, noirs et blancs, y sont sujets à des fièvres tenaces et à des ulcères dont on guérit difficilement. Cette insalubrité est due à sa situation sous le vent de l'île.

A quatre heures après midi, nous sommes très-près de la Grande-Terre, dont le sol est de moitié moins élevé que celui de Marie-Galante, et forme contraste avec les montagnes de la Guadeloupe, sur le penchant desquelles nous distinguons les champs de cannes et les habitations.

Les côtes de la Grande-Terre, dans les quartiers de Sainte-Anne et de Saint-François, sont à pic, avec des bois dans la partie supérieure.

Au point où nous nous trouvons en ce moment, l'île de Marie-Galante se découvre à peine. Son apparence vaporeuse est celle d'un nuage léger prêt à se fondre avec l'horizon. Je viens d'y goûter quelques jours de bonheur. Mes regards, constamment tendus vers la terre hospitalière, m'avertissent qu'elle va s'évanouir comme les rêves heureux de l'imagination, lorsqu'elle s'est délicieusement enivrée des plus séduisantes erreurs.

Les jours de bonheur passent vite;
Heureux moment se précipite:
Mais quand les chagrins dans le cœur
Ont une fois choisi leur gîte,
Le tems se traîne avec lenteur;
Tout prend une sombre couleur;
L'âme péniblement s'agite;
Sa volupté, ... c'est la douleur!

A cinq heures, nous sommes à hauteur du fort Fleur-d'Épée; la Pointe-à-Pître est en vue: mes yeux attristés s'efforcent en vain de retrouver à l'horizon l'heureuse terre de Marie-Galante.

A cinq heures et un quart, nous entrons dans les passes, laissant à droite un îlet verdoyant et boisé, où l'on a bâti plusieurs maisons d'agrément, et à gauche un autre îlet à fleur d'eau, sur lequel est situé l'hôpital.

A cinq heures et demie, après six heures de navigation par une faible brise de sud-est, nous jetons l'ancre dans le port de la Pointe-à-Pître.

Jeudi 25 avril 1816; Pointe-à-Pître, Grande-Terre (Guadeloupe.)

J'ai retrouvé la Pointe-à-Pître encore plus mal-saine et plus affligée de mortalités qu'avant mon voyage à Marie-Galante, il n'y a pas deux mois. Le soleil a fait des progrès; il se promène à pic sur nos têtes européennes, et bientôt il nous laissera totalement sans ombre à l'heure de midi.

Cette ville est bâtie au milieu des palétuviers; on appelle ainsi des arbustes qui ne croissent que dans les terrains marécageux près des rivages de la mer. On a fait une chaussée pour la communication par terre de la ville avec l'intérieur de l'île. Comme on n'a comblé sur plusieurs points, que l'espace même de la route, on est attristé et presque effrayé en voyant de si près des marais d'une fange extrêmement noire, et dont les exhalaisons répandent à l'entour les haleines de la mort. Le chemin dont je parle est celui qui mène au quartier des *Abymes*, dénomination très-analogue au coup-d'œil qui se présente au voyageur, en traversant cette chaussée, que sans cesse il faut rehausser, le terrain n'ayant aucune solidité.

La mortalité n'avait en premier lieu porté que sur la gent noire; les blancs payent aujourd'hui le tribut, conjointement avec la race de couleur. Deux négocians, oncle et neveu, l'un d'eux jeune et robuste, étaient, il y a trois jours, occupés à voir des sucres dans leur magasin : l'un d'eux est mort en vingt-quatre heures; l'autre a expiré au bout du troisième jour. La chaleur est forte; elle se fait sentir beaucoup plus encore, lorsqu'on arrive de Marie-Galante, où le climat est véritablement délicieux dans les parties légèrement élevées de cette petite île.

On est ici dévoré, littéralement dévoré par les maringouins; cet insupportable insecte ne vous permet ni de lire, ni d'écrire, ni de rester en repos.

Les affaires continuent à languir faute de

l'arrivée des bâtimens américains et français. Cependant ces derniers sont reçus depuis quelques jours. On ne peut dire encore quand viendra la division navale qui doit prendre possession de la Guadeloupe, au nom du Roi de France.

Des nouvelles sinistres avaient répandu la consternation ces jours derniers : on avait appris l'évènement de la Barbade, où les nègres se sont effectivement révoltés, et où ils ont brûlé plusieurs habitations. Il paraît que la force armée les a réduits. Cependant le général Leith, gouverneur général des îles du vent, a jugé à propos de se rendre immédiatement à la Barbade aussitôt qu'il a eu connaissance de ces faits.

On est véritablement ici sur des volcans prêts à faire éruption. Mille autres motifs devraient détourner l'européen de ces terres insalubres; mais la soif de l'or, implantée dans le cœur humain, oppose sa puissante barrière, et la mort à l'affût, promène impitoyablement sa faux sur les amateurs de doublons.

Quid non mortalia pectora cogis,
Auri sacra fames ?

Samedi 27 *avril* 1816; ***Pointe-à-Pître*, *Grande-Terre* (*Guadeloupe.*)**

L'insurrection qui vient d'avoir lieu à la Barbade a fait proclamer la loi martiale dans les îles anglaises. Quelques rassemblemens de nègres ayant eu lieu ces jours derniers à la Basse-Terre (Guadeloupe), le service se fait plus strictement ici : on a placé deux pièces de canon à la caserne. Les patrouilles de nuit sont fréquentes; dès huit heures du soir, les sentinelles crient : *Who is there?* Celle du fort, ou du corps de garde situé sur la hauteur qui domine la ville, donne fréquemment le signal que tout va bien, et fait entendre au loin : *All is well!* successivement répété par les hommes en faction dans les divers quartiers de la ville, ce qui, en pleine nuit, donne l'apparence d'une place assiégée.

Dans cet état de choses, parmi tant de fermens qui agitent sourdement les esprits, dans ce conflit des opinions de la race blanche, au milieu de ces brandons perfidement jetés entre les maîtres et les esclaves, et tout prêts à devenir des instrumens de catastrophes entre les mains des hommes de couleur, premiers ennemis des blancs, il est triste de penser qu'en cas d'insurrection de la part des nègres, il n'y aurait ici à leur opposer en hommes armés que des troupes noires au service d'Angleterre. Nul autre n'est armé ; le blanc de toute classe est à la merci de la gent africaine, absolument maîtresse d'exercer ses plus horribles vengeances, et de renouveler quand il lui plaira les scènes cannibales qui ont successivement ensanglanté Haïti, et fait disparaître de ses plaines d'or une immense quantité de familles jadis heureuses, aujourd'hui condamnées au pain de douleur, et s'abreuvant de larmes sur toutes les parties du globe où elles purent se jeter, échappées au fer et aux torches incendiaires !

Dieu veuille éviter ici, et dans le reste des Antilles, de semblables calamités! Il est trop vrai que les motions insidieusement philantropiques des prétendus amis des noirs à Londres produisent en ces climats des réactions qui peuvent devenir extrêmement funestes. Le relâchement, de la part des Anglais surtout, des usages qui avaient jusqu'ici très-judicieusement guidé les blancs dans leur conduite relativement aux gens de couleur; ces égards ridicules, ces complaisances déplacées et honteuses qu'ils affectent particulièrement envers les femmes de couleur, outre qu'ils choquent scandaleusement les bienséances, tendent avec beaucoup de force à la destruction du système colonial; ils sapent avec plus de perfidie encore que de mal-adresse les bases de l'ascendant des européens, et conséquemment l'unique rempart qui les protégeait contre la force numérique, contre des ressentimens politiquement entretenus, et machiavéliquement envenimés par l'haleine empoisonnée des conseillers désorganisateurs. Cette nouvelle propagande est d'autant plus dangereuse qu'elle agit sans crainte, surprenant même des éloges à quelques hommes de bonne foi, sous le masque le plus perfide, et n'ayant à la bouche que les mots d'humanité, de fraternité, à l'instar de ces scélérats d'assassine mémoire, qui portèrent leurs mains ensanglantées jusque sur ces têtes sacrées que le diadême et les couronnes paraient bien moins encore que l'éclat sans égal de leurs vertus surhumaines !

Mercredi 8 *mai* 1816; *Pointe-à-Pître, Grande-Terre* (*Guadeloupe.*)

Nous avons reçu de la Barbade une proclamation signée du gouverneur, sir James Leith, dans laquelle ce général s'étend en longs raisonnemens philosophiques avec les noirs dernièrement insurgés, au sujet de l'esclavage. Comme il n'y a que la bayonnette qui puisse établir cet ordre de choses, c'est aussi la bayonnette, uniquement elle, qui le doit soutenir; à moins qu'on n'ait l'art d'y joindre cette force morale qui naîtrait facilement de la supériorité des blancs sur la race africaine, si cet avantage n'était détruit par eux-mêmes, par la procréation de cette race mixte, qui tend à les exterminer, et qu'ils encouragent puissamment dans ses entreprises, en faisant élever à grands frais leurs bâtards en Europe, et en versant avec prodigalité leurs ressources sur les femmes de couleur. Tout ce qui fait partie de cette classe prodigieusement multipliée, devient plus insolent et plus audacieux que jamais.

Il est parti tout récemment de Saint-Domingue, une expédition composée de dix-sept voiles, portant mille ou quinze cents hommes destinés à secourir les indépendans de la Côte-Ferme. Ils se sont dirigés, dit-on, vers l'île Marguerite.

L'insurrection de la Barbade était guidée par un mulâtre de Saint-Domingue nouvellement débarqué. Il comptait sur la coopération des soldats noirs au service anglais; en conséquence, il s'avança pour les pérorer, et reçut leur feu en réponse à ses discours incendiaires.

On prétend que plusieurs émissaires de ce même foyer ont débarqué isolément sur divers points de cette île, où ils attendent le moment opportun.

La division française est, dit-on, sur le point d'arriver.

Le gouverneur anglais a l'ordre de remettre la colonie aux Français.

Il n'arrive que deux bataillons, un pour la Martinique, un pour la Guadeloupe. La saison actuelle est la plus contraire aux arrivans d'Europe. Six semaines après leur débarquement, les soldats seront, en grande partie, hors de service. Les troupes anglaises auront été relevées. Ce moment est à redouter; les propos des nègres que l'on arrête journellement, ne permettent guère de douter qu'il ne se trame quelque complot insurrectionnel.

Les blancs divisés d'opinion, ne présentent que de faibles obstacles. La colonie semble se précipiter vers sa fin. Le nombre de familles qui prennent passage pour France est considérable; s'il était possible aux autres de réaliser leurs créances, même à 50 pour cent de perte, il ne resterait presque personne ici, tant on a le triste pressentiment des catastrophes dont on est menacé.

Nous venons d'apprendre que Linois et Boyer ont eu leur grâce!

Vendredi 10 *mai* 1816; *départ de la Pointe-à-Pitre, Grande-Terre (Guadeloupe.)*

Je quitte la Pointe-à-Pitre dans un moment de grande agitation, causée par l'attente des évènemens.

Les colons impolitiquement désunis, les gens de couleur dissimulant peu leurs projets de rébellion; les Anglais se préparant ou feignant d'être prêts à quitter au premier jour cette colonie; la division française attendue; la crainte que son arrivée ou plutôt le départ des Anglais ne devienne le signal de quelque tentative désastreuse; voilà quel est en ce moment le tableau de la Guadeloupe.

A peine commence-t-on à s'armer dans les divers quartiers de l'île, où cette mesure, quoique fort utile, l'est bien moins encore qu'elle ne le serait dans les villes dont les milices pourraient en un clin-d'œil, faire masse et résister à un coup de main.

Le gouverneur Sir James Leith est arrivé à la Martinique, d'où il se prépare à rentrer à la Basse-Terre, accompagné, dit-on, de M. le comte de Vaugiraud, qui viendrait présider à la remise de l'île, et y installer le nouveau gouverneur.

Dans cet état de choses, le commerce est ici en stagnation comme les plaisirs; la société est nulle; tout l'agrément de la soirée se borne à quelques instans de conversation dans une famille où se trouvent des individus de tous rangs, de tous états et de toutes opinions!

Les hommes ont aussi la triste ressource du *cercle* tenu par M. Sarter Les personnes à résidence s'y abonnent, et peuvent y présenter les étrangers. On y lit les papiers-nouvelles français et anglais. Le local, exposé à la brise, permet d'en jouir, en même tems qu'on y a la vue du port, et des vaisseaux qui en partent ou qui arrivent.

Les Anglais ont mis à la mode les promenades à cheval. On est ici beaucoup mieux monté qu'à la Martinique; et l'on y voit d'assez jolis chevaux anglais, américains et créoles.

Le dimanche particulièrement, on a coutume de se rendre hors de la ville, à Stevenson, lieu propre à la course. Malheureusement pour y arriver, il faut traverser un vilain quartier dont les maisons de bois s'affaissent de tems en tems, par le manque de solidité du terrain; la route est sujette aux mêmes inconvéniens. On aboutit ensuite à d'horribles marais dont l'eau, rendue plus noire encore par le contraste du vert des palétuviers, exhale des miasmes putrides et des vapeurs meurtrières dont les effets se font ressentir de première main aux malheureux qui habitent leur voisinage infect.

La chaleur va *crescendo.* Le soleil, de retour dans ses domaines du nord, darde ses feux à plomb sur nos têtes. Toute ombre a disparu. Les rues au cordeau, si vantées en Europe, sont insupportables par l'impossibilité d'y trouver un abri pour respirer, ou un seul point pour y reposer la vue tourmentée par le blanc et les ardeurs du pavé.

Trajet de la Pointe-à-Pître à Marie-Galante.

A trois heures après midi, monté à bord

du bateau le ......, capitaine Peter. Beau ciel; vent contraire. A hauteur du fort de l'Union, avant même d'être hors des passes, nous découvrons déjà l'île de Marie-Galante, quoique à distance de dix lieues.

La bordée nous a jetés tout près de l'îlet où est situé l'hôpital militaire. C'est un corps de logis en bois, ayant double galerie à l'est et à l'ouest; à portée une allée de cocotiers, et des savanes assez vertes. En avant, une batterie défend les approches du côté du large; de chétives baraques de dix pieds de haut, sont construites sur les derrières.

Samedi 11 *mai* 1816; *à la mer; trajet de la Pointe-à-Pître à Marie-Galante.*

La brise a été faible cette nuit; nous ne sommes, à huit heures du matin, qu'à mi-canal. Le vent est contraire; nous n'avançons que très-lentement.

A onze heures, nous nous trouvons par le travers du Vieux-Fort, près duquel était le bourg de même nom, aujourd'hui en ruines.

Dans la partie nord de Marie-Galante, en avant des hauteurs dites les Falaises, est située une petite terre plate contiguë; on y cultive du coton.

A son point de contact avec la partie haute, celle-ci s'élève presque à pic, quoique revêtue de verdure; de là les sommités de l'île ont une pente douce jusque vers le milieu de son étendue, d'où elles reprennent en sens inverse, en se relevant vers l'extrémité sud-est, sans atteindre tout-à-fait le même degré d'élévation qu'au nord.

A deux heures, le vent ayant refusé, je me suis fait jeter à terre au-dessus du bourg de Saint-Louis. La plâge était brûlante; le sable, d'une blancheur à éblouir, ne permettait de marcher qu'avec une excessive difficulté. Enfin, ayant trouvé une issue à travers les mancenilliers qui bordent le rivage, nous avons successivement passé les habitations de Folle-Ance, et Duparc, la plus mal-saine de ce quartier. On n'y voit que des joncs croissant dans des marais pestilentiels. La dame qui en est propriétaire y a perdu son mari et sept enfans.

Nous avons ensuite gagné l'habitation Beaujac, où le terrain est meilleur ; à peu de distance de là, je me suis arrêté à l'habitation de Retz, située sur un tertre dominant la mer, et d'où l'on découvre la Dominique, les Saintes et la Guadeloupe. Je m'y suis procuré un cheval, et poursuivant ma route, j'ai traversé les habitations Boivin, Bennet, Roussel, Romain, et je suis arrivé au Grand-Bourg à sept heures du soir.

Dimanche 12 *mai* 1816.

Ce matin, après avoir pris congé des personnes de ma connaissance, j'ai monté à cheval pour revenir à l'habitation C......., d'où j'étais parti le mois dernier, et j'y suis arrivé à midi.

Dimanche 19 *mai* 1816; *Marie-Galante.*

J'étais allé hier, dîner au Grand-Bourg, et au lieu de revenir par la route ordinaire, je passai par la plaine Saint-Louis, d'où, prenant sur la droite, à hauteur de l'habitation de Retz, je gagnai le sommet du morne qui s'étend parallèlement au rivage de cette partie. J'y trouvai une route presque en allées couvertes, à travers un bosquet formé de tous les arbres qui croissent spontanément dans l'île. Le soleil allait se coucher; ses rayons plus doux et la brise, toujours plus forte sur les points élevés, rendaient ce local délicieux. Je me serais cru, tant par le coup-d'œil que par la douceur de la température, transporté aux sites les plus rians de l'Europe, si mon guide, ancien habitant des colonies, ne m'eût fait observer et l'absence de toute espèce d'oiseaux, et le silence absolu de ces bocages, à l'instant du jour où la race ailée, presque entièrement réfugiée sous l'asile des arbres, ajoute un nouveau charme au brillant éclat de nos campagnes de France, égayées par ses chants variés que l'instinct religieux devait si naturellement convertir en des hymnes à l'honneur du maître de la nature ou de son radieux représentant.

Après avoir traversé ce bocage, dans l'espace de près d'une demi-lieue, nous nous trouvâmes sur des caféyères, la plupart en souffrance, et déchues de leur première splendeur. Le terrain n'offrait que des plâteaux resserrés, et séparés par de profondes ravines creusées en tout sens, en quelque sorte désordonnées et tracées confusément, jusqu'à ce que nous arrivâmes à la principale, courant du nord-ouest au sud-est, d'une très-grande profondeur et d'environ deux lieues et demie d'étendue; on l'appelle la ravine Zombi (esprits). On la passe à sec, excepté dans le tems de l'hivernage, où les avalasses sont fréquentes. Ses bords, richement pittoresques, sont décorés d'une constante verdure, sur laquelle s'élèvent des arbres majestueux croissant en amphithéâtre, depuis les abymes de la vallée jusqu'aux sommets de ses sauvages escarpemens.

Mon guide, en passant devant la caféyère de Mme........, me dit : S'il n'était si tard, nous serions entrés dans cette maison ; elle est habitée par une jeune dame, royaliste dévouée. Il ajouta, non sans connaissance de cause : Il n'y en a pas vingt dans toute la colonie! Je trouvai qu'il portait le nombre bien haut;

toutefois il était consolant de penser que c'étaient les personnes les plus considérées de l'île. Nous continuâmes ainsi jusque sur l'habitation R...., où je repris la route qui m'était connue, après avoir passé des savannes, où le terrain était totalement crevassé par l'effet de la sécheresse, au point que je me vis contraint de changer ma direction, pour éviter que mon cheval ne s'enfonçât dans les cavités du sol. Il y a, dans les points de l'île qui ne sont propres ni pour caféyères, ni pour sucreries, une assez grande quantité de cases habitées par des gens de couleur libres, qui y font des vivres à l'aide de quelques esclaves.

Lundi 20 *mai* 1816; *habitation C......*
(*Marie-Galante.*)

Mon ami, sa famille et moi, nous avons coutume de nous asseoir un moment, après dîner, hors de la case, sous une tonnelle de barbadines dont les fleurs, de huit pouces de diamètre, artistement dessinées et bordées dans leur contour d'une frange rose tombant avec grâce, surpassent en beauté toutes les fleurs connues. Là, nous recevons de première main, les délicieuses haleines de la brise de l'est qui nous porte fraîcheur et santé. Un charmant jardin est sous nos yeux, et le lointain nous présente, en échappé, les plus riantes campagnes que la nature puisse embellir de ses magiques pinceaux. Une petite rangée d'arbustes à fleurs blanches est en face de nous, à six pas : c'est là que nous avons le plaisir d'observer des colibris, et la mobilité de leurs ailes d'or, étincelantes aux rayons du soleil, tandis que leur langue, en moins d'une seconde, a su pomper le miel du calice des fleurs. Ils passent ainsi de l'une à l'autre avec une vivacité convulsive; il est rare de les voir se poser, et ce n'est jamais que pour un seul instant.

Ces charmans petits oiseaux se prennent avec facilité, à la glu ou à la main. Pour les avoir de cette dernière façon, il suffit de faire chercher leurs nids par de petits négrillons qui les trouvent facilement, à trois pieds de hauteur, sur des arbustes peu élevés, souvent sur le balata. Le nid reconnu, on s'en approche sans bruit, un moment après le soleil couché; et l'on est certain de prendre la femelle, alors posée sur son nid, occupée à couver ses œufs, ou à donner la chaleur à ses petits récemment éclos. Le mâle se tient ordinairement à portée sous le feuillage d'un arbuste.

J'ai pris de cette manière une quantité de ces jolis oiseaux, ainsi que leur nids en coton, fabriqués avec un art merveilleux. J'y ai plusieurs fois trouvé deux œufs oblongs, mouchetés noir et blanc; et deux petits de la grosseur d'un petit pois.

Le père Dutertre appelle l'oiseau-mouche fleur céleste; ainsi le père Commise a dépeint le papillon :

Florem putares nare per liquidum æthera!

Il représente la femelle du colibri faisant son nid :

« Elle corde, s'il faut ainsi dire, tout le » coton que lui apporte le mâle, et le re- » mue quasi poil-à-poil, avec son bec et ses

» petits pieds ; puis elle forme son nid, qui » n'est pas plus grand que la moitié de la » coque d'un œuf de pigeon. A mesure qu'elle » élève le petit édifice, elle fait mille petits » tours, polissant avec sa gorge la bordure » du nid, et le dedans avec sa queue.

» Je n'ai jamais pu remarquer en quoi » consiste la béchée que la mère leur apporte, » sinon qu'elle leur donne la langue à sucer, » que je crois être toute emmiellée du suc » qu'elle tire des fleurs. »

C'est à la Trinidad qu'on voit la plus charmante espèce de colibris ; savoir : le rubis-topaze et le rubis-émeraude. Tous les deux semblent porter un rubis en forme de couronne; la gorge du premier a la couleur et l'éclat de la topaze; celle du second, le vert brillant de la plus belle émeraude. La nature s'est surpassée dans la formation de cette famille aîlée. On en voit aussi, parmi les plus petits, dont la parure a pour complément une fraise artistement posée, et d'un admirable effet.

Mardi 28 *mai* 1816; *Grand-Bourg* (*Marie-Galante.*)

Je quittai hier après midi, l'habitation C..... dans l'intention de m'embarquer pour la Pointe-à-Pître, et d'y profiter de la première occasion que j'aurais pour l'île Saint-Christophe. Ce voyage est un tourment de mon imagination : elle l'exige impérieusement; et pourquoi cela? pour aller sur un morne, sauvage, hérissé de raquettes et brûlé par le soleil!..... Parce que le 28 janvier 1782, j'y courus les plus grands dangers auxquels je me sois trouvé exposé dans ma vie; lors de la descente que firent à Frigate-Bay, dix-sept cents grenadiers anglais, commandés par le général Prescott, à la vue de l'escadre entière de l'amiral Hood, embossée dans la rade de la Basse-Terre. J'en donnerai le détail en tems et lieu.

J'ai rencontré, dans ma route vers le Grand-Bourg, une famille caraïbe venant de la Dominique; elle allait visiter d'autres Caraïbes établis tout près de l'habitation où je demeurais.

Cette dernière famille n'est point formée de Caraïbes de sang pur; elle est de race mixte, caraïbe et nègre; celle-ci est accusée par les traits du visage, la grosseur des lèvres et le nez épaté. L'autre est pleinement indiquée par le teint, et par la nature des cheveux, noirs et lisses, absolument comme ceux des indiens.

Ceux venus de la Dominique, étaient de race caraïbe pure; il n'en reste aujourd'hui qu'un très-petit nombre de familles. Ils s'étaient défaits au Bourg, à vil prix, d'un arc et de plusieurs flèches, à la manière de leur nation. J'ai vivement regretté d'avoir manqué cette occasion de me procurer ces objets curieux. On voit, dans beaucoup d'habitations, des pierres polies et en forme de haches, de diverses grandeurs. Les anciens Caraïbes s'en servaient, faute de connaître le fer. Aujourd'hui elles tiennent lieu de poids pour vendre ou acheter. Les Caraïbes sont adroits, mais peu intelligens; on les suppose même, à cet égard, au-dessous des nègres.

Ils portent quelquefois de la Dominique, où ils vivent dans des retraites, sur les bords de la mer, des perroquets d'une espèce particulière, qui ne se voit que dans cette île, où l'on n'est point parvenu à les détruire comme à la Guadeloupe, et particulièrement à la Grande-Terre où ils abondaient autrefois; ce qui est connu par la tradition. Ils portent aussi un petit quadrupède nommé agouti, à poil noir et luisant, au museau pointu, et que l'on dit un excellent manger.

Extrait de l'Histoire des Antilles, par le père Dutertre, missionnaire de la congrégation de Saint-Louis.

« Les Caraïbes, dit-il, sont grands rêveurs; ils portent sur leur visage une physionomie triste et mélancolique; ils passent des demi-journées entières, assis sur la pointe d'un roc, ou sur la rive, les yeux fixés en terre ou sur la mer, sans dire un seul mot.

» Ils sont d'un naturel benin, doux, affable et compatissant, bien souvent même jusqu'aux larmes, aux maux de nos Français; n'étant cruels qu'à leurs ennemis jurés.

» Les mères aiment tendrement leurs enfans, et sont toujours en alarmes pour détourner tout ce qui peut leur arriver de funeste : elles les tiennent presque toujours pendus à leurs mamelles, même la nuit; et c'est une merveille que, couchant dans des lits suspendus qui sont fort incommodes, elles n'en étouffent jamais aucun. Dans tous les voyages qu'elles font, soit sur mer, soit sur terre, elles les portent avec elles sous leurs bras, dans un petit lit de coton, qu'elles ont en écharpe, lié par-dessus l'épaule, afin d'avoir toujours devant leurs yeux l'objet de leurs soucis. » *Hist. des Antilles, tome II*, page 375.

J'ai souvent observé la ressemblance singulière qui existe entre la Grande-Terre et Marie-Galante, par rapport à la Guadeloupe et à la Dominique; et de même, la conformité de ces dernières îles, l'identité des causes de leur formation due à des volcans dont leurs pierres traceraient l'origine, si les soufrières qui fument encore ne la démontraient évidemment. Les hauteurs sont semblables, et ce sont aussi les plus élevées de toute la chaîne des Antilles.

La Grande-Terre, située au nord de la Guadeloupe, et Marie-Galante, située de même au nord de la Dominique, sont absolument de semblable nature : ce sont deux îles plates, formées de pierre calcaire, détritus des coquillages (dont l'empreinte est parfaitement conservée), perforée, à la surface de l'île, par l'effet des feux sous-marins, lorsque cette matière était amollie et presque liquéfiée, au moment de l'éruption, laquelle est indiquée par la couleur de cendre dont cette pierre est uniformément et généralement saisie à sa surface, tandis que l'intérieur est d'un blanc calcaire, sans exception, sur tous les points de ces îles.

MARIE-GALANTE.

Marie-Galante est une petite île
Ronde, aplatie et salubre et fertile ;
Salubre dans les hauts ; la plaine Saint-Louis
Vaut à ses possesseurs sacre et *de profondis*.

Le Bourg est un sépulcre où le soleil vous grille.
Soit qu'on vive garçon, soit qu'on vive en famille,
On éprouve un ennui qu'on ne peut supporter,
Et l'on ne trouve rien pour se réconforter.
Le sable blanc que l'on voit dans la rue
Est un dépôt de feu qui tourmente la vue.
La médisance est à l'ordre du jour;
Chacun à ses voisins cherche à jouer d'un tour.
La paresse y voulut établir son empire;
Mais un démon mille fois pire,
L'avarice survint, ayant la soif de l'or,
Et prête à tout pour avoir un trésor.
L'un qu'on vit arriver tout nu, venant d'Europe,
Et qui, dans son début, vivait dans une échoppe,
Dégagé des haillons et du bonnet d'Irus,
Affecte maintenant les grands airs de Crésus.
Un autre, d'un benet qui sans cesse l'admire,
N'aime que les doublons que sans cesse il soutire;
Et l'avare, trente ans a vécu malheureux
Pour se prendre aux filets de cet astucieux!
L'habitant est moins dupe, et sous un toit paisible,
Il cherche à vivre heureux autant qu'il est possible,
Quand on est loin de Londre et de Paris,
Sous un ciel mal famé pour les jeux et les ris.
Car ce n'est point assez que d'avoir bonne chère!
Il faut encore un objet pour nous plaire,
Et qui, possédant l'art de charmer nos loisirs,
Sache à tous les momens varier nos plaisirs.
L'amour fuit une belle en servante habillée,
Par trente négrillons à chaque instant troublée,
Et du soin de donner à tous le nécessaire,

Faisant soir et matin sa principale affaire.
C'est fort bien ; je le veux : mais je n'aurai pas peur
Qu'une telle beauté vienne blesser mon cœur.
Cependant c'est ainsi qu'en une sucrerie
Mainte femme charmante a consumé sa vie !
La veuve riche, encor dans ses beaux jours,
N'y songe nullement au plaisir, aux amours ;
Le lucre, l'intérêt, voilà sa seule affaire :
Elle pense au produit que donnera sa terre ;
Et loin d'être en gaîté, livrée aux ris, aux jeux,
Courtisée à l'envi, désirée en tous lieux,
Toute seule à l'écart et dans un coin assise,
Vous la voyez en noir, très-mesquinement mise,
L'air sombre et sérieux, les lèvres en avant,
Rêver au sucre brut, au denier qu'il se vend ;
A ses billets échus ; aux poursuites à faire ;
A ses transactions avec son partenaire ;
Et si son créancier qu'elle paye comptant,
Ne doit point lui rabattre une somme de tant ;
Et combien, dans vingt mois (faisant ainsi ressource),
De doublons cordonnés viendront enfler sa bourse.
Ce sont les passe-tems de ses heureux loisirs ;
L'habitude en est prise en dépit des plaisirs ;
Et les vingt mois échus, végétant de la sorte,
Sa soif pour les trésors n'en sera que plus forte.
Ah ! qu'une jeune femme, en nos heureux climats,
Fidèle aux sentimens qu'ont les cœurs délicats,
Aimable avec simplesse, apprise en bonne école,
Diffère de langage et de mœurs et de rôle !
Jamais on ne lui voit cet air dur et grondeur,
Signe de l'avarice avec son ver rongeur.

Elle parle, elle plaît; on sourit à ses charmes;
Le plus indifférent contre elle n'a point d'armes.
Elle porte à-la-fois dans la société
L'agrément et l'éclat, par la variété
De mille dons heureux reçus de la nature,
Embellis par vingt ans, le goût et la parure,
Son de voix des plus doux, esprit fin, délié,
Langage toujours pur, sans être étudié,
Modestie et gaîté, maintien rempli de grâces;
Les plaisirs et les jeux se plaisent sur ses traces.
Elle joint à cela tous ces riens charmans,
Ces propos enchanteurs sans cesse renaissans,
Qui, versant dans notre âme et l'ivresse et la joie,
Réalisent pour nous les jours d'or et de soie!
Quelle distance, hélas! de ces rians tableaux,
Au contraste ébauché par mes faibles pinceaux!

Mercredi 29 mai 1816; départ de Marie-Galante; trajet du Grand-Bourg à la Pointe-à-Pître, Grande-Terre (Guadeloupe.)

Embarqué à trois heures après midi, sur le bateau le *C*.... appartenant à M. Raby, négociant au Grand-Bourg de Marie-Galante. A la voile à quatre heures; beau tems; vent arrière. Il y a cinq semaines que je quittai Marie-Galante en situation plus heureuse. Les mêmes objets se présentent à ma vue : quelle différence entre les sensations qu'ils produisent aujourd'hui sur moi, et celles qu'ils faisaient naître alors? mes regrets ...... la douleur que je ressens ....

Je rentre dans la carrière hasardeuse des voyages maritimes, sans voir un but précis, quelque bizarre que la chose puisse paraître; et cela par un ensemble de causes trop longues à déduire.

Le courage me soutient; je n'envie point le sort de ceux qui mènent une vie plus douce. Il y a par tout à souffrir : le riche, sur son duvet, doit supporter le poids du jour, comme le pauvre en sa cabane; ses voluptés même lui rappellent plus fréquemment encore ce vers du prince des poëtes latins :

Ire tamen restat Numa quò devenit et Ancus !

Les affections mélancoliques dont j'éprouve en ce moment des atteintes, proviennent peut-être du pressentiment que j'ai, je dirais volontiers de l'espèce de certitude où je suis de ne revenir de la vie dans ce petit coin de terre où j'ai coulé naguère d'heureux jours, et que j'abandonne maintenant pour jamais! Mot cruel! bourreau du sentiment; idée à laquelle je ne puis me faire encore, et qui révolte en dépit de la nécessité de se résigner.

La population de Marie-Galante est d'environ neuf mille âmes. Il existe un grand nombre de vieillards. On compte à-peu-près quinze cents âmes au Grand-Bourg, compris les gens de couleur. Il n'est point rare d'y voir des femmes blanches, de très-basse classe, il est vrai, dans un tel état de misère qu'elles ont été quelquefois à la merci des noirs ou gens de couleur propriétaires.

Il y a aussi quelques femmes blanches en apparence, quoique de sang mêlé, lesquelles sont encore esclaves; quelques-unes même sont au jardin, c'est-à-dire, travaillent à l'atelier et à la culture avec les nègres et négresses; chose qui ne se voyait point à Saint-Domingue.

Marie-Galante est habitée depuis près de deux siècles par les Européens. On y peuple beaucoup. Les femmes s'y marient de bonne heure. Il y long-tems que les générations mixtes ont atteint le degré qui, pour le teint, les assimile aux blancs.

Les femmes de sang mêlé à ce degré, ne manquent pas de trouver des occasions d'améliorer leur sort dans d'autres îles où le commerce est plus actif, la population plus forte, et surtout où les villes rassemblent une quantité d'hommes très-épris de ces sortes de femmes qui, de leur côté, profitent assez habilement des circonstances qui se présentent. Dans ces îles, on ne voit même pas ou très-peu de mistives dans l'esclavage.

A Marie-Galante, les localités sont autres, un genre de vie différent prévient à un certain point la corruption des mœurs. Il y a infiniment moins d'occasions pour les femmes de cette classe, proportionnellement très-nombreuse, et qui provenant de très-basse extraction, est successivement entretenue dans la misère et dans les fers.

Nous ne sommes arrivés à la passe du port de la Pointe-à-Pître qu'à huit heures du soir;

et nous avons été obligés d'envoyer à la première bouée de droite, un fanal à l'aide duquel nous sommes entrés sans accident, et nous avons jeté l'ancre sur les neuf heures.

Immédiatement après, je suis descendu à terre, où l'on entendait de toutes parts le cri de : *All's well!* répété par les sentinelles anglaises.

Dimanche 2 *juin* 1816; *trajet de la Pointe-à-Pitre à la Basse-Terre* (*Guadeloupe.*)

Embarqué à dix heures du matin sur le bateau le *Perroquet*, capitaine Monge, allant à la Basse-Terre. Tems par grains, vent d'est.

A onze heures, à la voile; le tems s'est fait beau; nous laissons à main droite, à petite distance, les beaux quartiers de la Gouyave, de Sainte-Marie, des Trois-Rivières et de la Cabesterre, enrichis de plantations dominées par les hautes montagnes de la Guadeloupe.

Marie-Galante est à notre gauche; je la salue une dernière fois; nous voyons aussi la Dominique et les Saintes, et derrière nous la Pointe-à-Pître, indiquée par les mâtures des vaisseaux.

A trois heures, nous découvrons l'*Antelope*, vaisseau amiral anglais, allant de la Basse-Terre à la Barbade; il court des bordées pour s'élever au vent, entre la Dominique et Marie-Galante.

A quatre heures, nous longeons le quartier des Trois-Rivières, à petite portée de fusil de la côte. Je vois l'habitation Boubers : le propriétaire est fils d'un de mes anciens condisciples qui servait dans la marine royale. Nous nous rencontrâmes une seule fois au Cap-Français (île Saint-Domingue), lorsque l'escadre de M. le comte de Grasse y vint en 1781.

Plus haut est l'habitation Goudrecourt, sur un site agréable, à mi-côte.

Nous voici au quartier du Vieux-Fort; cette partie a l'air misérable et sauvage, la nature du sol est dure et âpre. Les mornes du bord de mer ressemblent aux contre-forts de nos églises gothiques; ils ont, comme je l'ai déjà vu dans plusieurs colonies, notamment à la

Trinidad, l'épine dorsale très-aiguë, et formant avec leurs bases des angles de 45 degrés.

La côte est ainsi coupée par triangles très-rapprochés, le roc à pic au bord de la mer.

Ces terrains appartiennent à des caféyers ruinés et contraints de vendre leurs esclaves pour vivre. Plusieurs n'ont d'autre nourriture que de la mauvaise morue et des bananes. Il n'y a plus de canons au Vieux-Fort; les Anglais les ayant enlevés ou détruits.

Nous venons de doubler le cap du Vieux-Fort, et nous sommes sous le morne Vermont.

Une violente bourrasque, telle que l'on a coutume d'en éprouver en cet endroit, vient de se faire sentir : il a fallu carguer toutes les voiles; l'eau remplissait notre fragile embarcation.

Il y a quelques années qu'un corsaire périt ici dans une de ces bourrasques; la majeure partie de l'équipage se sauva, étant tout près de terre; on perdit onze hommes.

Je revois le triste fort Saint-Charles, où flotte le pavillon anglais! J'ai déjà dit qu'il est dominé presque de toutes parts, et que c'est le fruit d'une misérable conception. Le morne sur lequel il est assis, a été coupé à main d'homme, pour pratiquer des fossés. Que de trésors follement dépensés !

La ville paraît; le Gouvernement élève son dôme rougeâtre et s'enorgueillit de ses bosquets verdoyans.

L'apparence de la ville, du côté de la mer, est pitoyable : ce sont, en partie, des maisons brûlées sous Victor Hugues; ou des derrières d'édifices aux pieds desquels la vague se brise avec furie.

Les vaisseaux de transport anglais sont ici, prêts à embarquer les troupes en cas que l'île soit remise au Roi de France.

A six heures, nous avons jeté l'ancre, et après avoir débarqué devant un tas de curieux désœuvrés, je suis allé chercher le toit de l'honnête aubergiste Nivière, en évitant les Wellington's tavern, les Prince's-Regent's tavern, et autres coupe-gorges, tenus par des *ladies* (mulâtresses anglaises.)

Lundi 3 *juin* 1816; ***Basse-Terre*** *(Guadeloupe.)*

A midi, après avoir vu le procureur du Roi, M. Landais, je suis allé au gouvernement, pour présenter mes respects à M. le général Leith que je n'ai pu voir; il était allé à sa maison de campagne de Matouba, propriété de la colonie, que quelques individus se sont permis d'offrir à Son Excellence. Le gén. E....., et avant lui R...., avaient, dit-on, embelli ce local aux frais des habitans.

L'hôtel du gouvernement, à la Basse-Terre, forme deux vastes habitations séparées et bâties en bois, dans le genre anglais.

Le jardin est aussi à l'anglaise. Le terrain est irrégulier et accidenté; il serait très-susceptible d'agrémens, si l'on savait en tirer parti. Ici le dessin est simple : ce sont des pièces de verdure que j'ai été étonné de trouver d'une grande fraîcheur, à une époque de l'année où le soleil darde à pic. Il y a aussi quelques arbustes assez bien venus, et un bassin où l'on mène les eaux à volonté.

L'un des deux édifices, celui où le gouverneur fait sa résidence habituelle, est situé dans la partie supérieure; l'autre, plus bas, est destiné à la représentation, aux fêtes, aux bals, etc.

Je suis monté ensuite sur la place d'armes, ou place d'Arbaud, formant un vaste plateau, ou savanne très-verte, entre la ville et les habitations, comme celles-ci entre la place et la Soufrière.

Le tems permettait aujourd'hui de voir cette montagne dégagée de nuages, ce qui arrive assez rarement; elle ne donnait point de fumée.

En 1780, lorsque j'en passai à portée, elle en exhalait très-visiblement.

Le cône de la Soufrière paraît tronqué à une assez grande distance de sa hauteur primitive, présumée par l'incidence de ses côtés.

Au total, c'est un aspect majestueux, sans être effrayant comme le cratère de Saint-Vincent et ses environs, dépouillés à nu jusqu'au granit, à une vaste distance.

Les environs de la Basse-Terre sont formés

de mornets séparés par de profondes ravines; chacun d'eux est couronné de maisons d'agrément, dont l'effet est très-pittoresque. L'air est extrêmement frais et salubre sur ces hauteurs.

Il y a sur une de ces élévations un camp anglais occupé par des troupes blanches; elles ne sont point sous des tentes, mais dans des cabanes en bois solidement bâties; elles y jouissent d'une parfaite santé.

Les Français avaient établi cet usage, dont on s'est bien trouvé; il est particulièrement utile aux troupes nouvellement débarquées d'Europe.

Mercredi 5 juin 1816; Basse-Terre (Guadeloupe.)

Hier 4 juin, anniversaire de S. M. Britannique, les deux bâtimens de guerre anglais et français qui se trouvent en rade, ont fait chacun le salut de vingt et un coups de canon, et se sont pavoisés.

On a effacé sur la promenade du Cours une

inscription républicaine en mémoire de succès remportés du tems de Hugues, sur les Anglais. Les caractères taillés sur la pierre, étaient noircis à dessein; mais on pouvait lire encore. Des maçons l'ont fait disparaître entièrement.

Une occasion s'étant présentée pour Saint-Christophe, je me suis embarqué à cinq heures sur le bateau le *Fly*, capitaine Lamey. La douane n'ayant pu nous expédier, nous sommes retardés jusqu'à demain.

Jeudi 6 juin 1816; *Basse-Terre*, (*Guadeloupe*).

Ce matin, tems brumeux; pluie prolongée jusqu'à deux heures après-midi. La Soufrière s'est alors dégagée entièrement des nuages dont elle avait été enveloppée toute la matinée, et le cratère a vomi une épaisse fumée vers sa partie orientale.

A trois heures, la pluie a recommencé; la Soufrière continuant à fumer à découvert, quoique l'horizon fût pris de toutes parts; ce qui m'a fait penser que la fumée elle-même et la chaleur dont elle devait imprégner l'athmosphère aux environs du volcan, était la véritable cause de son apparition par un tems de pluie et de brume; tandis que la cime est rarement visible pendant les jours sereins dont on jouit ordinairement entre les tropiques.

A quatre heures, le tems s'est un peu remis; le volcan a cessé de fumer, et peu après, il s'est couronné de vapeurs dans toute l'étendue de sa crête. Le soleil se distinguait à travers les brouillards de l'athmosphère qu'il ne pouvait dissiper entièrement; ce qui lui donnait l'apparence qu'il a fréquemment dans l'hiver en Europe, apparence que je n'avais jamais observée dans la zone torride.

Vendredi 7 juin 1816; *Basse-Terre*, (*Guadeloupe.*)

Embarqué à onze heures du matin: on n'en finit pas ici pour expédier un malheureux bateau. Il y a deux jours que celui sur lequel j'ai arrêté mon passage est retenu par les formalités sans nombre qu'il faut remplir.

Il ne suffit point de se mettre en règle à la douane ; il faut aller chez cinq ou six individus, à grande distance les uns des autres : c'est le secrétaire du gouverneur ; c'est le capitaine de port ; c'est le chef des mouvemens maritimes, etc. etc.

> Cætera de genere hoc ...... loquacem
> Delassare valent Fabium.
>
> HORAT. *sat.* 1, *lib.* 1.

Enfin, après tout cela, le Gouverneur ne faisant point sa résidence en ville, force est à l'homme de mer de grimper les montagnes pour l'aller trouver à huit milles, au Matouba, (Nouvelle Tempé, où Son Excellence prend le frais), et attendre l'heure de sa Seigneurie. Les faibles sont comme les vaincus : *Væ victis !*

Ce n'est pas tout encore : il faut passer au fort, et payer une somme de..., faute de quoi l'on vous fait la civilité de vous régaler d'un coup de canon......... à boulet, lorsque vous passez ; ce qui signifie très-intelligiblement, qu'il faut revenir au mouillage, et acquitter, outre le droit ordinaire, la petite bagatelle de......... pour le coup de canon, en forme d'avis!

Nous n'avons pas encore pu effectuer notre départ aujourd'hui; il faut espérer que ce ne sera pas plus tard que demain.

Samedi 8 juin 1816; *trajet de la Guadeloupe à Saint-Christophe.*

Embarqué à quatre heures après midi, sur le bateau le *Fly*, capitaine Lamey, allant à la Basse-Terre (île Saint-Christophe); tems couvert.

A la voile à cinq heures; vent d'est, par bourrasques. Grains violens. D'épais nuages descendent des crêtes de la Soufrière et des hauteurs de Vermont. Notre bateau va à la mer pour la première fois. L'équipage n'est composé que de deux matelots anglais, d'un nègre et du capitaine.

A huit heures du soir, éclairs et tonnerre.

Toute la nuit calme plat.

Dimanche 9 juin 1816; suite du trajet de la Guadeloupe à Saint-Christophe.

A huit heures du matin nous découvrions Mont-Serrat, dans l'est, fort loin et presque voilé par la brume.

MONT-SERRAT.

Mont-Serrat, île de l'Amérique septentrionale, une des Antilles anglaises, à treize lieues sud-ouest d'Antigue, dix-sept nord-ouest de la Guadeloupe; d'environ cinq lieues d'étendue, sur quinze de circonférence. Longitude occidentale de la pointe nord-est, 64d 36m; latitude nord, 16d 48m. Elle fut reconnue en 1493, par Christophe Colomb; les Espagnols lui donnèrent le nom qu'elle porte, parce qu'ils lui trouvèrent de la ressemblance avec leur Mont-Serrat.

Le tremblement de terre de 1692 et le terrible ouragan de 1733 l'ont beaucoup endommagée. Elle renferme des montagnes couvertes de cèdres et d'autres arbres qui en rendent la perspective agréable. Les vallées sont fertiles. On y fait du sucre, de l'indigo, du gingembre et du coton.

Mont-Serrat se rendit à nos armes en 1782.

En février 1782, après la prise de Saint-Christophe, la compagnie de grenadiers de mon régiment prit cette île en passant, lorsque l'escadre du comte de Grasse revenait à la Martinique.

Le rocher de la Redonde paraît aussi bravant les flots, et servant de retraite aux oiseaux de mer.

Le courant nous a jeté sous le vent; le capitaine, avant d'apercevoir Mont-Serrat, a mal gouverné, se portant, par estimation, vers le nord-ouest, sans l'aide de cartes marines et sans aucun calcul. Il en est résulté que nous avons tardé beaucoup à retrouver notre vraie route, et nous n'avons vu l'île de Nièves que sur les trois heures.

NIÈVES.

L'île de Nièves, une des Antilles, est à une lieue et demie, sud-est de Saint-Christophe.

Longitude occidentale, $64^{d}\ 50^{m}$, méridien de Paris ; latitude, $17^{d}\ 15^{m}$ nord. Elle a peu d'étendue, mais son terroir est bon et fertile. Elle produit du sucre, un peu de coton et du tabac. Les Anglais la prirent en 1628 ; les Français en 1706. La paix d'Utrecht la rendit aux Anglais. Les Français la reprirent en février 1782, et la rendirent aux Anglais à la paix de 1783.

A cinq heures nous étions tout près ; j'observais avec autant de plaisir qu'autrefois cette île charmante, cultivée comme un jardin. Ce n'est qu'une seule montagne de superbe apparence. Elle est en pente très-douce jusqu'à la mer.

Près du rivage, le côté ouest présente un riche plateau, au-dessus duquel la verdure des plantations s'étend jusqu'aux trois quarts de la hauteur de la montagne. Le surplus est une sombre forêt d'un noble effet, surtout par la couronne de nuages dont elle est majestueusement sur-haussée.

L'aspect de Niéves est pittoresque au plus haut degré. A petite distance en mer, il est facile d'énumérer la totalité des habitations, dont quelques-unes sont à des élévations très-considérables.

La ville est située dans le nord-ouest de l'île. Elle est petite, mais de gentille apparence. Un fortin la protége tant bien que mal. Nous avons vu sept à huit navires de cinq à six cents tonneaux mouillés dans cette partie.

Le soleil venait d'achever son cours; la lune au plein, donnait une magnifique clarté, qui rendait plus sombre encore l'épais nuage assis sur les crêtes de Niêves.

Ce nuage doré dans ses contours, et taché de feu sur plusieurs points, formait avec la montagne, l'imitation la plus minutieusement exacte d'un volcan dans son éruption.

Tout-à-coup l'horizon s'est assombri très-sensiblement; la lune s'est en partie voilée, et dans le court espace de trente minutes, elle a été éclipsée en totalité; ce qui a eu lieu à huit heures du soir précises, à l'instant même où nous entrions dans le port de la Basse-Terre (Saint-Christophe.) J'y ai, en quelque sorte, piloté le bateau, la rade étant inconnue au capitaine qui y entrait pour la première fois. Nous avons jeté l'ancre à neuf heures du soir, à ma très-grande satisfaction, d'après les visites extrêmement fréquentes, pour connaître la quantité d'eau que nous faisions, et la confidence du chef qui ne me paraissait pas éloigné de croire que notre embarcation devait couler avant d'atteindre le port !

Mais que diable allait-il faire dans cette galère ?

SAINT-CHRISTOPHE.

Saint-Christophe, île des Antilles, à l'ouest d'Antigue, découverte en 1493, par Christophe Colomb. En 1625, des Anglais, conduits par Warner, et des Français, aux ordres de Enambuc, y abordèrent le même jour, et de deux côtés opposés ; ils se partagèrent l'île, et cultivèrent chacun un quartier ; mais en 1628, les Espagnols chassèrent les uns et les autres. Elle fut cédée à l'ordre de Malte en 1651 ; les conventions de 1660 laissèrent la possession de l'île aux deux puissances dont les colonies y avaient pris naissance. Le traité de Bréda la donna toute entière aux Anglais. Les Français la prirent en 1688, et les Anglais en 1690. Ces derniers l'avaient encore prise en 1702, et le traité d'Utrecht la leur donna en 1713. Les Français la reprirent de nouveau, en 1782, et la rendirent à la paix. Elle a onze lieues de long sur trois et demie de large; elle est coupée dans presque toute sa longueur, par des montagnes entassées et stériles, quoique couvertes de verdure. Les Anglais occupent le tiers du terrain, formant une belle plaine parsemée d'habitations charmantes. On y cultive le sucre, l'indigo et le coton. On en tire du gingembre, des fruits du tropique, et presque autant de sucre que de la Barbade. Il y a aussi une belle saline.

Sa population est de six mille blancs et trente six mille nègres.

Latitude nord, 17^{d} 20^{m}; longitude occidentale, 64^{d} 55^{m}, méridien de Paris.

Lundi 10 *juin* 1816; *Basse-Terre* (*île Saint-Christophe.*)

Après avoir jeté l'ancre hier soir, je descendis à l'hôtel du Prince-Régent; j'y fus très-mal logé, quoiqu'il n'y ait rien de mieux à la Basse-Terre.

Un salon de quatre-vingts pieds de long sur huit de hauteur, formait la principale pièce de l'hôtel. Latéralement on a pratiqué des niches à rats, dont le lit remplit tout l'espace, et masque l'unique fenêtre qui en dépend. On n'y trouve rien de commode, et pas même l'indispensable.....; du reste on y vit moyennant la modique somme de cinq gourdes...... par jour !

J'ai revu cette ville qui m'était si connue. J'ai passé, non sans émotion, près de la maison du négociant O-Brien, chez lequel je logeais anciennement. De toutes mes connaissances, je n'ai retrouvé que M. H.....; il était immensément riche à l'époque où je le vis pour la première fois : jeune alors, époux d'une femme aimable et jolie, père de charmans enfans, à la tête d'un brillant commerce, dans le rapide et enivrant tourbillon de ses jours prospères. Mon cœur s'est déchiré en le revoyant affligé de diverses infirmités incurables, dans la triste végétation d'une vieillesse douloureuse, et ruiné de fond en comble!..... Voilà le rêve de la vie!!

Les vicissitudes de la fortune sont plus souvent et plus gravement éprouvées par les Anglais que par les Français : les premiers ont des richesses d'une nature moins solide que les derniers. Ces vicissitudes sont tellement fréquentes, qu'elles ont cessé d'étonner : ce sont de ces choses que l'on voit tous les jours.

J'ai déjà aperçu le morne sur lequel nous eûmes le célèbre combat du 28 janvier 1782, à Frigate-Bay; je le reconnus dès hier soir, dans l'ombre de la nuit; je croyais véritablement faire un rêve.

Braves guerriers qui mourûtes avec tant de vaillance à ce noble champ d'honneur, loin de votre patrie, alors si fortunée; que je voudrais qu'il fût en mon pouvoir d'élever en votre mémoire un monument d'airain!.... Autrefois j'avais fait le tableau de cet engagement; il ornait le salon de ma gentilhommière!...... *Barbarus has segetes!!!*

Il a péri! mais je prendrai ma revanche;

je trouverai quelque moyen de marier à vos cendres révérées les lauriers que vous cueillîtes avec tant d'héroïsme, et d'arracher à l'oubli votre nom désormais gravé dans les fastes militaires; illustres chefs à qui le point d'honneur redonna tout le nerf des belles années, quand vint l'heureux jour de sacrifier votre vie en attaquant le léopard!

Le vôtre, vaillant Montlong, qui deviez périr en tout l'éclat du bel âge, et dont la mère eût succombé à la douleur de votre perte, si les entrailles d'une mère ne cédaient à l'orgueil d'un fils immolé pour la cause des Rois!... Votre nom, intrépide Lavillebrune, qui tombâtes à mes pieds versant un noble sang!..... Que pouviez-vous de plus aux extrémités du monde, dans un horrible désert, et pour ainsi dire sans témoins, que de fondre comme un lion, avec une poignée de braves, sur trois bataillons serrés, et d'expirer en héros, à la voix de l'honneur?

Il me semble vous voir encore, sous les formes d'Apollon, avec l'armure et le bras du dieu Mars, quand vous reçûtes le coup mortel et que, soutenu par deux chasseurs, votre tête ceinte de lauriers penchait comme cette fleur au teint de pourpre, tranchée par le fer de la charrue.

Volvitur Euryalus letho; pulchrosque per artus
It cruor; inque humeros cervix collapsa recumbit:
Purpureus veluti quùm flos succisus aratro
Languescit moriens, lassove papavera collo
Demisère caput, pluviâ quùm fortè gravantur.

VIRG.

Vous aussi, Marans, élevé pour la guerre, par la faveur du Monarque; avec quelle usure n'acquittâtes-vous pas Ses avances généreuses! Quel triomphe pour vos maîtres, s'ils vous eussent vu, comme je vous vis, éclipser jusqu'à la bravoure de vos grenadiers, chercher vainement la mort, et ne trouver que la victoire et des lauriers dignes de vous!

Je ne passerai point sous silence vos glorieuses blessures, jeune d'Autichamp, d'une race de héros; votre nom se marie à la gloire des lis; votre digne père, qui donnait sur un autre point l'exemple des vertus guerrières, envia le sang que vous versâtes imberbe encore! La Parque préludait avec vous; son fatal ciseau vous laissait à peine soixante jours pour briller dans les combats. Assez de votre sang avait imbibé la terre : l'Atlantique en réclamait les restes précieux. L'auteur de vos jours, qui se jouait de la mort, apprit en vous perdant, qu'elle est un bienfait auprès de certaines douleurs!

Vous avez droit à mon tribut d'éloges, modeste Lesage, aimable jeune homme, brave et beau sans le savoir; peut-être assez délicat pour rougir de n'être teint que d'un sang étranger, tandis que le sort des combats voulut épargner le vôtre, en dépit de vous-même!

Et toi, valeureux Laporte, modèle des chevaliers français, toi qui la veille, admiré tout à-la-fois par tes amis et par les ennemis, avais payé de ton sang ta noble audace, fallait-il encore te voir condamné à un mortel repos, quand tes compagnons d'armes cueillaient des lauriers dont la soif était dans ton cœur; comme si ta glorieuse moisson n'eût fait que te rendre plus avide et plus insatiable encore!

Et vous, mes autres compagnons d'armes, que la faux du tems moissonna! du moins vous épargna-t-elle l'acerbe vue de votre patrimoine envahi! Quand sonna l'heure des plus horribles catastrophes, on vous eût vus comme nous, suivre le drapeau blanc, et vous dévouer pour la cause des Rois. Comme nous vous auriez long-tems, privés de tout secours, foulé la terre d'exil; vous auriez, de tous vos moyens, contribué au rétablissement du Monarque légitime : le jour de sa rentrée triomphale dans Paris eût été le plus beau jour de votre vie. Quand le nuage de la tempête, qui voila pour quelque tems la tige altière des lis, dissipé par le dieu des armées, vous aurait ramenés des confins de l'occident, l'ouïe encore rebattue des mugissemens de la vague furibonde, les yeux façonnés aux noirs écueils et à toutes les calamités du naufrage; de retour enfin dans la terre natale, presque inconnus dans votre propre pays, épuisés de moyens et de santé, blanchis par les années, vous auriez, en récompense de vos services, demandé l'obole de Bélisaire;

Otium cùm dignitate.

Ces demandes restant sans réponse, vous auriez sollicité des bontés du Monarque une faible pension sur la liste civile :

(*The King can do no wrong!* eût été votre profession de foi comme la nôtre.)

Cet espoir étant frustré, ne pouvant pas même obtenir une entrevue avec les hommes en place, de cascade en cascade descendu dans la poussière qui couvre vos mémoires, ce serait après avoir lu la série de vos titres à la bienveillance du Prince, que l'on vous tiendrait ce langage : *Qu'avez-vous fait pour le Roi?* Eh! mon cher monsieur, avant que le sort vous eût fait naître, en vous destinant à l'honneur de siéger dans ce bureau, notre sang avait coulé sur la plage lointaine, pour la gloire du nom français. Plus tard, nous avons fait le généreux sacrifice d'une terre où nous jouissions d'une noble indépendance avant le 14 juillet 1789, et nous avons cru de notre devoir de refuser le commandement d'une armée, pour nous mêler dans les rangs des plus zélés défenseurs de l'autel et du trône!

Mais ce qui vous eût porté le dernier coup,

en rentrant dans cette patrie si chère aux bons Français, c'eût été de vous y voir impitoyablement tenus à l'écart sous la main sinistre de la fatalité, dépouillés de vos moyens d'existence, pâles, macérés, hors d'haleine; vous, les enfans de la grande famille, dont l'auguste chef étend ses royales bontés sur les fils de l'étranger, démontrant à-la-fois, par cette munificence digne d'admiration, combien sa bonté est inépuisable, et combien il est loin de supposer toute l'étendue de notre infortune.

Mardi 11 *juin* 1816; *Basse-Terre.*
(*Saint-Christophe.*)

Je suis allé ce matin, visiter l'église qui est en face de mon logement; d'où j'ai vue sur les tombeaux du cimetière. Les inscriptions sont toutes de dates éloignées; comme si nos prédécesseurs avaient eu plus de piété que nous; ou que les tems fussent devenus moins prospères; ou, peut-être, l'ensemble de ces deux causes.

En effet, le pays me paraît infiniment plus pauvre qu'il n'était à l'époque de la conquête de l'île, il y a trente-cinq ans. On se croit ici transporté au milieu d'une peuplade de gens de couleur : à peine aperçoit-on un blanc ou deux en parcourant toute une rue. Ces progrès de la population des hommes de couleur sont effrayans ; ils ont lieu pareillement dans nos îles françaises ; tandis que le nombre des blancs diminue sensiblement par l'effet du climat, le résultat des guerres, des révolutions et des émigrations ; et aussi parce que ces pays n'offrent plus, à beaucoup près, autant de ressources, quand la classe de couleur en absorbe une si considérable partie. Elle s'est emparée exclusivement de toutes les professions mécaniques et de tous les métiers. Les mulâtresses tiennent partout les auberges. Quant au commerce, il est tellement gêné et resserré entre les mains d'un si petit nombre d'individus, qu'il en résulte très-peu d'avantages pour la masse.

Les sucres n'ont d'autre voie que celle d'Angleterre, où ils se vendent le plus souvent à vil prix. Les Américains n'étant point admis, les farines, les merrains et autres objets qu'ils exportent y sont fort chers.

L'argent est d'une rareté extrême. La misère perce partout dans un pays que la nature a fait riche et salubre. Enfin, l'on ne peut s'empêcher de reconnaître, à cet abandon, le projet trop évident de ruiner et d'anéantir graduellement la culture des Antilles, et d'y établir un état de choses tout autre que le système colonial actuel.

L'église dont j'ai parlé tout-à-l'heure, est simple et propre : elle ressemble aux temples américains. On y voit un orgue et des tombeaux avec inscriptions. Le terrain qui l'entoure est en partie, destiné aux sépultures, et en partie, planté d'allées et revêtu de gazons.

Cet après-midi, une heure et demie avant le coucher du soleil, je suis allé à cheval à Frigate-Bay, sur ce champ de bataille que je désirais si ardemment revoir.

La soirée était délicieuse; la petite plaine que j'avais à traverser, pour me rendre aux mornes voisins des salines, est d'un aspect enchanté : c'est un bassin d'une lieue et demie en quarré, s'élevant en pente fort douce, de toutes ses extrémités, pour se lier aux mornes voisins, dont le principal est couvert de cannes jusque sur le sommet, tandis que, sur un de ses côtés, encore dans l'état primitif, il a conservé des forêts dont la teinte sombre contraste admirablement avec le verd des champs de cannes.

J'ai enfin tourné le petit chaînon de mornets à l'est de la Basse-Terre, et je me suis trouvé en face du rivage de Frigate-Bay, (de ce local si fortement gravé dans ma mémoire, et dont je gardai, jusqu'à la révolution, le dessin fait par moi), à l'endroit même d'où nous aperçûmes d'abord les trois bataillons anglais tout fraîchement débarqués. Je me suis avancé pour reconnaître le plateau sur lequel nous nous mîmes en bataille avec moins de trois cents hommes, en face de dix-sept cents, (soutenus par une escadrille de frégates mouillées contre terre), encouragés par la vue de l'escadre entière de l'amiral Hood, embossée dans la rade de la Basse-

Terre, avec pleine facilité de les voir agir.

J'ai parfaitement reconnu ce tertre parallèle au rivage, et en face de l'habitation dite de Frigate-Bay, d'où une allée de cocotiers qui existait déjà en 1782, conduit en serpentant, au bord de la mer.

Dans cette même habitation s'était cachée une des trois colonnes anglaises; de sorte qu'au premier aspect, nous n'en vîmes que deux réunies.

Ma compagnie était à la gauche, et par mon rang de bataille, j'étais à l'extrémité de cette gauche, et je me trouvais le plus à portée des Anglais en embuscade, lorsque tout-à-coup, la colonne qui était dans l'enclos de l'habitation vint à se montrer et se rangea en bataille dans l'allée des cocotiers.

Comme on ne voyait d'abord que peu d'hommes, et que les deux compagnies d'Agénois, ayant la droite, plus le premier peloton de la nôtre, avaient fait par le flanc droit, d'après la manœuvre des deux colonnes anglaises réunies, et se portaient à la course, sur les hauteurs du morne que les ennemis cherchaient à occuper, en s'avançant par leur gauche, je reçus ordre, avec mon peloton, de fondre sur les premiers hommes qui avaient paru dans l'habitation. Les chasseurs s'élancèrent de ce côté; nous allions être victimes de notre dévouement, lorsque nos compagnons d'armes qui avaient dû monter presque aussitôt qu'ils eurent quitté le plateau, virent déboucher la totalité de la troisième colonne anglaise, et nous appellèrent à grands cris, pour nous ramener à eux. Nous revînmes donc de leur côté, n'étant pas encore éloignés hors de la portée de la voix.

Alors commença sur nous un feu terrible à mitraille, de la part des frégates qui se trouvaient démasquées par le mouvement du général Prescott, vers sa gauche. Ces volées nous incommodèrent jusqu'à ce que nous fûmes parvenus à une grande hauteur où les biscayens des frégates nous eussent encore atteints, si les marins n'avaient été de nouveau, exposés à tirer sur la troupe anglaise comme sur nous, par le rapprochement des uns et des autres, en se portant avec toute la célérité imaginable vers le sommet du morne, pour avoir l'avantage de la position. Nous y parvînmes les premiers. Le feu de mousquetterie commença à dix pas de distance.

En arrivant sur la ligne, à travers une averse de balles, j'eus la douleur de voir tomber à mes pieds le vaillant la Villebrune, capitaine en second des chasseurs d'Agénois. La blancheur de son uniforme avait fait place à une teinte de sang qui le couvrait en totalité. Son malheureux frère, commandant la frégate la *Diane*, avait été englouti deux ans auparavant, en mars 1780, lorsque nous approchions des îles du vent, en venant d'Europe avec l'escadre de M. le comte de Guichen. Il reçut ordre d'annoncer notre arrivée. La frégate, couverte de voiles, fut surprise par un grain, et sombra par la résistance de la mâture, comme on doit le conjecturer. Le grain dissipé, l'horizon s'éclaircit; deux cutters qui accompagnaient la *Diane*, ne l'aperçurent plus, et trop peu de tems s'était écoulé pour qu'elle eût pu se trouver hors de vue en avant. On n'en entendit jamais plus parler. Un détachement de 50 hommes de mon régiment était à bord avec deux officiers, MM. de V...... et de la Chapelle!

Le combat se prolongeait avec acharnement. Un mulâtre, tambour de ma compagnie, eut le courage de battre la charge pendant une heure entière que dura le combat. (Je cite ce trait qui m'a toujours paru digne d'admiration, par l'imperturbable sang-froid d'un homme environné de carnage et de sang, et n'attendant aucune récompense de son dévouement, comme il n'en eut aucune, ni lui, ni les autres braves, si l'on excepte le comte de Fléchin, dont le mérite transcendant eût éclipsé jusqu'aux faveurs de son maître.)

Enfin les munitions se trouvaient totalement épuisées; moitié des soldats et des officiers avaient honorablement succombé. La troisième colonne anglaise était en mouvement pour nous tourner, et nous placer entre deux feux, en attaquant avec tout l'avantage d'une troupe fraîche, contre des soldats écrasés de fatigue, réduits à moins de moitié et dénués de munitions.

Cette colonne était restée jusqu'alors en suspens, imaginant, d'après la manière héroïque dont une poignée de Français (*a handfull of men!* ce fut l'expression de la gazette d'Antigue, en rendant compte de ce célèbre engagement) s'était présentée au combat contre des forces décuples, qu'ils n'étaient que l'avant-garde d'une troupe qui la suivait de près.

Le comte de Fléchin se décida pour lors à faire retraite vers la ville de la Basse-Terre, afin d'y joindre les renforts qu'il attendait du marquis de Bouillé; mais l'armée étant à l'autre extrémité de l'île, à vingt milles de distance, il fallait encore du tems.

Nous passâmes donc avec une indicible peine, à l'ouest du morne où le combat s'était donné; la roideur de la pente en cet endroit, et l'épaisseur des buissons de raquettiers ne formaient qu'une partie des obstacles : les hommes les plus avancés vers le bas du morne se trouvaient fortement exposés par la quantité de gros quartiers de rocher que ceux de l'arrière détachaient involontairement de la partie supérieure, croyant y trouver des points d'appui. On se reporta vers la ville, et je fus laissé, commandant douze chasseurs seulement, *en enfant perdu*, à trois cents pas du champ de bataille, sur un chemin entre deux pièces de cannes; devant supposer que l'ennemi allait à tout moment, me passer sur le ventre.

J'avais sentinelle en avant et en arrière; et, pour faire imaginer que toute notre troupe était sur ce point, dès la fin du jour, je fis allumer des feux à droite et à gauche dans les champs de cannes.

A l'âge où la plupart des jeunes gens n'ont pas encore quitté le toit paternel, ayant à peine atteint ma dix-septième année, je me trouvais dans cette situation, au cœur de la nuit, seul officier, entouré d'ennemis et de nègres révoltés, loin de tout secours, mes hommes successivement abattus par l'impossibilité de résister à un tel excès de fatigues; moi-même uniquement soutenu par la force du point d'honneur, n'ayant depuis une semaine d'autre aliment que des pommes de raquettes, le corps tourmenté de leurs dures épines, et passant le jour à battre les rivages sur des sables exposés à tous les feux de la zone torride. Mes chasseurs et moi nous étions à la douzième nuit, sans le moindre repos, depuis que le général, marquis de Bouillé, nous avait fait marcher de Brim-Stone-Hill, pour nous porter rapidement sur la Basse-Terre.

Ces hommes étaient encore plus exténués que moi. Etendus par terre au milieu du chemin, en dépit de tout ce que je pouvais dire afin de ranimer en eux quelque force par le sentiment du devoir, le danger ne pouvant rien sur eux; ils se levaient successivement, et retombaient de même, à mesure que je passais de l'un à l'autre.

La lune éclairait alors. Je me rappelai la mémorable action et la mort héroïque du célèbre d'Assas. C'est particulièrement au sein de ma famille que les détails de cet admirable dévouement d'un jeune guerrier se conservaient dans leur pureté primitive. Mon père se trouvait à Closter-Camp avec trois de ses frères, dont un, M. de P., fut tué; l'aîné, M.

de L......, qui avait l'honneur de commander le régiment d'Auvergne, le jour de ce glorieux combat, reçut un coup de feu dans la cuisse en se portant le premier au secours de d'Assas. Celui-ci du moins, était à portée de la voix des siens; son trait immortel ne fut perdu ni pour lui ni pour la postérité. L'admiration s'attache à sa mémoire, et la France, orgueilleuse de l'avoir vu naître, le propose en exemple à ses innombrables guerriers!

Attaqué comme d'Assas, je mourais tout entier; quelque chose que j'eusse pu faire loin des regards stimulans, mon souvenir périssait avec moi. Ma mère, apprenant que j'avais été moissonné dans les combats, privée de tout détail, eût langui sans l'étincelle qui jaillit des faits glorieux, avec pouvoir d'électriser une mère elle-même, à la vue du cadavre sanglant de son fils, mort en héros au champ d'honneur!

En ce moment, la sentinelle en front, m'annonce un blanc à cheval, venant du côté de l'ennemi. On me l'amène; je lui demande en anglais qui il est. Il répond : « Je suis le gé-

» rant de l'habitation de Frigate-Bay, où le » combat s'est livré. J'ai vu les Anglais se » rembarquer jusqu'au dernier. »

Je le fis descendre de cheval, et comme il ne tarda pas à s'endormir étendu sur la route, je pensai que ce pouvait être quelque perfide Sinon, soldat déguisé.

Timeo Danaos, et dona ferentes.

Je redoublai de précautions; au jour, je montai le cheval de l'inconnu, et, suivi de quatre chasseurs seulement, je me rendis sur le champ de bataille dont j'étais tout près. C'est alors que je pus mesurer avec précision l'intervalle de dix pas entre les deux lignes de combattans, l'emplacement de chacune étant parfaitement tracé par les débris d'armes, de cartouches, de gibernes, etc., et par la quantité de sang dont la terre s'était saturée. On avait déjà enlevé la plupart des morts et des blessés; cependant il restait encore un grand nombre des premiers dépouillés par les nègres. Leurs cadavres, déjà noirs depuis environ dix-huit heures que le combat avait eu lieu, répandaient une insoutenable odeur chaque fois qu'on les avait au vent de soi. Le sang bouillonnait horriblement dans les plaies exposées au soleil.

Je descendis à cheval vers l'habitation, en passant très-près et de niveau avec la batterie d'une des frégates encore mouillée contre terre, au même point que la veille. Il lui était facile de m'exterminer ainsi que mes soldats; elle ne fit point feu. J'entrai dans l'habitation où la troisième colonne anglaise avait pris poste avant le commencement de l'action. J'y trouvai une douzaine de grenadiers anglais grièvement blessés, la plupart à la tête; un d'eux frappant contre le mur, sans pouvoir répondre à mes questions. Je fis atteler tous les cabrouets de la sucrerie; on y chargea ceux qui donnaient signe de vie. Transportés à l'hôpital de la ville de la Basse-Terre, plusieurs furent trépanés et recouvrèrent la santé.

Le gérant avait dit vrai : les Anglais s'étaient précipitamment rembarqués dès la fin du combat. Cependant le marquis de Bouillé était rapidement arrivé, à la tête de tous les grenadiers et chasseurs de l'armée. En signe de satisfaction du général, nous marchâmes en avant de ce corps d'élite, pour nous reporter à Frigate-Bay, et fouiller toute la partie montueuse du littoral, aux environs du point de débarquement.

Après la certitude acquise que l'ennemi s'était rembarqué jusqu'au dernier homme, le renfort rejoignit les troupes du siége devant Brim-Stone-Hill, où Fraser et Shirley ayant appris la défaite de Prescott, et perdu tout espoir de secours, se rendirent prisonniers de guerre, avec les troupes sous leurs ordres.

Le pavillon blanc, salué de vingt et un coups de canon, flotta triomphant sur le roc sourcilleux du Gibraltar des Antilles, électrisant au loin trente-deux citadelles majestueusement assises sur les flots, décorées du pavillon des lis, et bloquant l'armée navale d'Albion dans la rade de la Basse-Terre. Admirable point de vue, pris de Brim-Stone-Hill, sur les hauteurs du Monde nouveau; l'Océan sous les yeux, le ciel rayonnant de beauté, plusieurs îles en perspective, et l'imagination chaleureusement abandonnée à l'ivresse de la gloire, à l'orgueil des trophées et au délire des succès guerriers!

Le marquis de Bouillé expédia une frégate pour donner au Roi la nouvelle de la prise de Saint-Christophe. Le marquis de Livarot, colonel d'Armagnac, fut choisi pour remettre ces glorieuses dépêches. Je le rencontrai longtems après à Paris, et depuis aux eaux de Spa, où il se plaisait à me parler du brillant combat de Frigate-Bay.

Le Roi fut tellement satisfait du combat de Frigate-Bay, qu'il exprima hautement sa détermination de donner plusieurs régimens pour récompenser ceux qui s'y étaient le plus distingués.

Le comte de Fléchin fut nommé colonel commandant du régiment d'Auxerrois. Le baron de Saint-Simon, présent au siége de Saint-Christophe, sans avoir été à l'affaire de Frigate-Bay, fut fait colonel en second de Royal-Auvergne.

Extrait de l'Annual Register, 1782.

« The general Had brought the 28th regiment and two companies of the 13th with him, from Antigoa; and the 69th; had come with the fleet, from Barbadoes.

» Upon receiving information of the confidence and spirit which prevailed in the garrison, the admiral (Hood) proposed to him that if he thought a post could be maintained on shore, he would land two battalions of marines, of 700 rank and file each, which, with the regimental troops, would compose a body of about 2,400 men.

» Gen. Prescott did not think it practicable to maintain such a post; but was sanguine in his desire of being put on shore, with the Antigoa troops, and the 69th regiment. Total 1,700 men.

» This was accordingly done, jan. 28th; and a smart engagement took place *with a part of the irish brigade* who were stationed at Basse-Terre. »

Et voilà cependant comme on écrit l'histoire! Il n'y avait pas là un seul soldat irlandais.

« As no object was to be gained, by continuing on shore, gen. Prescott reembarked on the same evening. »

Mercredi 12 *juin* 1816; *Basse-Terre* (*île Saint-Christophe*).

J'exprimerais difficilement la violente sensation que j'éprouvai hier soir, en me retrouvant seul, dans ce désert que j'ambitionnais de revoir depuis si long-tems. La vie entière se trouvait entre ce moment et celui dont tout, en ces lieux, me rappelait si fortement le souvenir!

Mais d'avoir si parfaitement et avec tant d'exactitude, retrouvé le plateau inculte où nous nous mîmes en bataille en face des Anglais; plateau précisément mesuré pour trois compagnies, et sur lequel je pouvais retrouver, à une toise près, le point même que j'avais occupé, en face et si près de l'ennemi; l'ensemble du paysage, les rochers eux-mêmes si anciennement témoins de nos fatigues militaires; la mer, le sable de ces rivages brûlans, les montagnes et l'aspect des mornes déserts, tout me parlait un langage dont je me sentais suffoqué!

Je ne mets ici nulle prétention ; je dis ce qui est. Il faut bien que j'aye un dédommagement, puisque je bâille au concert et à beaucoup d'autres prétendus amusemens.

Je voudrais pouvoir détailler au botaniste la variété des plantes que je foulais aux pieds ; celle qui me frappa davantage, que je ne me rappelais point d'avoir vue, et que j'ai baptisée *bonnet de grenadier*, est une espèce de raquette, en masse demi-ovale, ou cône arrondi au sommet, façonnée dans son contour, en côtes hérissées de piquans. L'ensemble a la dimension et la forme exacte d'un bonnet de grenadier, surmonté d'un panache si minutieusement ressemblant par ses proportions, sa teinte rouge-vif, et la place qu'il occupe sur cette plante, à ceux dont se décorent nos premiers soldats d'élite, que je fus saisi d'étonnement à un point que je n'ai jamais éprouvé, et que je ne pus m'empêcher de songer tout de suite aux braves grenadiers d'Agénois et aux nôtres, qui en portaient de pareils sur leurs têtes. Quelques-unes de ces plantes ont plusieurs pompons, mais le plus souvent elles n'en ont qu'un seul, d'un beau rouge et de superbe effet!

A peine quittai-je ce plateau pour suivre la direction que nous avions prise en nous portant au-devant des Anglais, que je rencontrai ces terribles obstacles, ces raquettiers de diverses espèces qui croissent dans ces lieux sauvages, avec une abondance difficile à décrire. Je ne me rappelais que de ceux de la principale sorte, portant le fruit qui donne cette riche couleur que pompe la cochenille; mais il y en a d'un autre genre, en arbuste, au feuillage très-menu, ressemblant à celui de la sensitive; ses piquans sont encore plus multipliés et plus forts que ceux des raquettiers.

Je m'acheminais sur mon cheval anglais, grimpant à pic à travers les épiniers, avec une peine et des difficultés que la passion, l'ivresse et le fanatisme, je crois, pouvaient seuls me faire surmonter.

Mon cheval refusait d'aller outre; je m'abymais; force me fut de descendre et de marcher, le tenant par la bride; c'était encore plus difficile; il fallait, en se traînant, gravir à pic et se déchirer de la tête aux pieds, ou descendre presque verticalement. Mon coursier s'abattait sur moi ; une ravine couverte de lianes épineuses, serrées en massif, se présenta croisant le passage ; il était impossible de la traverser avec mon cheval ; la nuit tombait ; la mer, du côté du vent, se couvrait de nuages noirs, dont les flancs entr'ouverts tout-à-coup, versent des torrens d'eau dans les campagnes. Il ne me restait plus assez de tems ; je me décidai à rétrograder, en me promettant de revenir, et de laisser ma monture dans l'habitation de Frigate-Bay, d'où je ferais facilement mon ascension à pied, jusqu'au champ de bataille.

Après beaucoup d'embarras pour rejoindre le point de départ, je suivis au pas le chemin sinueux qui m'était si bien connu, et je savourais mille délices dont, sur mon honneur, j'ai peine à me rendre compte moi-même !

Cet après midi, je me suis rendu de nouveau à Frigate-Bay, en attaquant le morne du champ de bataille du côté ouest. J'ai longé l'habitation Rawlins, parallèlement au rivage, et je suis monté au-dessus de la pointe qui sépare Frigate-Bay de la rade de la Basse-Terre.

Il a fallu toute l'envie, toute la passion dont j'étais animé pour vaincre les obstacles; ayant à gravir à pic sur des pierres mouvantes, couvertes, à hauteur d'homme, d'épiniers entrelacés de lianes piquantes et de raquettes, formant ensemble le plus redoutable massif. J'ai déchiré mes vêtemens et me suis mis en sang; mais enfin j'ai atteint le sommet, d'où j'ai vu mes efforts doublement couronnés, et par la vue admirable dont je jouissais en découvrant deux mers et un amphithéâtre de montagnes, formé par les salines et par l'imposant aspect du volcan de Nieves dans le lointain; et aussi parce que, parvenu à ce point, les obstacles ont cessé; j'ai trouvé un sentier très-étroit, qui m'a conduit en droiture, au célèbre champ de bataille.

Ce qui m'a frappé de nouveau, préoccupé de mes souvenirs dans ce lieu sauvage et solitaire, c'est que précisément, sur la scène de l'engagement, et dans les parties environnantes, mais à une distance très-circonscrite, et uniquement bornée au terrain occupé ou traversé dans le tems par les troupes françaises et anglaises qui prirent part à l'engagement de Frigate-Bay, on ne voit que des bonnets de grenadiers, parés de ces pompons rouges dont j'ai déjà parlé; et ce qu'un autre ne remarquerait nullement, me faisait un étonnant effet, en retraçant le signe distinctif de ces vaillans hommes d'élite, sur ce théâtre imbibé du sang des grenadiers français et anglais.

J'ai dessiné un de ces bonnets de grenadiers, d'après nature, sur le champ de bataille de Frigate-Bay; on lit au bas : cette plante, du genre des raquettiers, a communément de quinze à dix-huit pouces de hauteur; elle est cylindrique et cannelée; les saillies des cannelures sont hérissées de petits piquans. Au sommet, sur le prolongement de l'axe du cylindre, s'élève un panache de huit à dix pouces de hauteur, sur quatre de diamètre, parfaitement arrondi, et merveilleusement assimilé par sa forme et son rouge vif, aux pompons des bonnets de grenadiers. Au toucher, la ressemblance est portée à l'extrême : le velours, par son jeu et sa profondeur, ne laisse pas la plus légère différence avec les pompons fabriqués par les passementiers.

Maintenant si l'on vient à réfléchir qu'ayant long-tems habité les colonies, les ayant toutes parcourues et vues dans leur état sauvage, ce n'est cependant que dans une seule île que j'ai aperçu cette plante; si, dans cette île que je connais en entier, je n'en ai vu que sur un seul point très-circonscrit; si ce petit espace est précisément un champ de bataille teint du sang de trente officiers et de six cents grenadiers! Si cette plante, incroyablement ressemblante à la coiffure militaire de ces hommes d'élite, croit exclusivement sur ce terrain (comme je puis le certifier), ne serat-on pas forcé de convenir avec moi, que seul, dans ce désert de silencieuse éloquence, l'imagination déjà fortement magnétisée par la puissance des souvenirs; et la puissance plus forte encore des objets présens, la vue de ces simulacres de distinction militaire, miracles de la nature, (isolés parfois, et parfois amoncelés et groupés en trophées), devait, par un ébranlement porté à l'extrême, troubler un cerveau moins solide que le mien, et me trouver rudement à l'épreuve, pour que je n'aie vu, dans les signes magiques dont je viens de parler, qu'un prodige du hasard, mais, je crois, le plus étonnant qu'il soit possible de citer.

Mon cœur a battu en arrivant au lieu même de la scène du carnage; je l'ai trouvé comme indiqué par une clairière, tandis que tout le reste du morne est hérissé, beaucoup plus qu'autrefois, de raquettiers et d'épiniers.

O vous, intrépides guérriers, qui mourûtes dans ce glorieux champ d'honneur, si loin de votre patrie, recevez le pur hommage qui vous est dû par votre compagnon d'armes, errant depuis vingt-sept années, et ramené dans ces déserts par le fléau des révolutions!

J'ai cru revoir la place où la Villebrune tomba mort à mes pieds, percé de vingt balles à-la-fois!

J'ai revu l'endroit où Prescott s'avançait, en tête de l'audacieuse troupe de géans.

Je croyais entendre encore cet intrépide mulâtre de ma compagnie, qui ne cessa pas un seul instant, de battre la charge pendant l'action, au milieu du carnage, des morts et des mourans ! ô vertu ! où vas-tu te réfugier !!!

Après avoir croisé, en tout sens, ce terrain sacré qui appelle un monument à la gloire des braves; après être resté quelque tems en méditation profondément solitaire, et dans le silence du désert, aux mêmes lieux où l'airain retentissant se faisait à peine entendre parmi le cliquetis des armes, le son des instrumens de guerre et les clameurs des mourans ! Après m'être rassasié de la plus riche perspective sur ces hautes régions d'où l'âme semble se dégager et prendre son vol vers les sphères supérieures, j'ai quitté ces tombeaux dont le secret n'est peut-être plus connu que d'un seul être au monde; abandonnant un sol muet où l'oiseau même n'habite point, où l'agitation de la brise est l'unique signal de la vie et de la nature animée !

Je descendais, traversant ces mêmes lieux que le lendemain du combat, je visitai avec quatre hommes, à sept lieues de l'armée, et que je trouvai couverts de cadavres, dont le sang noir bouillonnait sous les feux du soleil :

je croyais revoir cette touffe de raquettiers près de laquelle je trouvai autrefois le sabre d'un officier anglais; lorsque j'ai aperçu, contre une pierre volcanique, une plaque de cuivre, sur laquelle j'ai lu l'inscription et les vers suivans, qui donnent une idée du combat.

INSCRIPTION

Trouvée sur le champ de bataille de Frigate-Bay, (île Saint-Christophe); le 12 juin 1816.

« Dignum laude virum musa vetat mori ».
HORAT. *od.* 7 *lib.* 4.

Anno 1782, 28 januarii,
Ex undecimâ matutinâ,
Usque ad duodecimam horam:

Hic data Gallorum nova Thermopylea pugna!
Innumeri mento terram tetigêre Britanni;
Sparsaque littoribus confracta cadavera vidi;
Et super ossa gemens, injeci primus arenam
Relligiosam; milites et vulnera passi,
Hos ego salvavi, et lentus bos traxit ad urbem.
Mille et quingenti certarunt, atque ducenti;
Quos ad bella viros *Prescott* instruxerat audax.
Interdùmque juvabant ponto fulmina centum!
Bellator contrà, et miles audentior ibat
Fleccinus, pugnæ impatiens, non viribus æquis.
Nec illum segnis retinet mora; sed rapit acer,
Conscius heros, totam aciem alta per ardua montis,

Obvius agmen agens; cui belli insigne superbum,
Pectora, pro meritis, fulgentia aurea rubra.
Moribus et formâ Alcibiades;........ hic Leonidas!
Longo, præclari ductores, ordine avorum,
Dextrâ signa dabant, cristis auroque corusci.
Pulchram quingenti mortem invenêre Britanni;
In numero quorum ter septem centuriones!
Nobili ornavit sua, victor, tempora lauro.
Vix fuerunt ter centum hoc in certamine Galli!
Candida tùm bello signa et capita alta ferebant!!!

Dî Monumentum dent mea stare perennius ære
Carmina; quod non imber edax diruère possit,
Non aquilo impotens, nec innumerabilis ævus!!!

J'ai laissé religieusement cette inscription que j'ai fidèlement copiée, et donnant un dernier coup-d'œil du côté de Frigate-Bay, j'ai abandonné ces montagnes, croyant moi-même échapper de mon sépulcre. Car, ce qui a si fortement gravé ce local dans ma mémoire, c'est de songer combien il a fallu de miracles pour que je n'y aie point laissé la vie avec les guerriers qui y succombèrent.

J'ai suivi le sentier derrière la principale hauteur, et je suis descendu entre les deux pitons, précisément en face de l'habitation Rawlins, à l'ouest, tandis que je laissais exactement derrière moi, dans l'est, l'habitation Ryan, de Frigate-Bay. Ce chemin est le moins difficile. Je l'indique à ceux que la destinée conduirait dans cette terre lointaine, comme elle m'y ramène après trente-cinq années de misères, de révolutions et d'émigrations; ils seraient grandement dédommagés de leurs fatigues, s'ils prennent encore quelqu'intérêt au souvenir et à la gloire de l'ancien drapeau des Lis!

Jeudi 13 *juin* 1816; *Basse-Terre.*
(*Ile Saint-Christophe.*)

La ville de la Basse-Terre n'est presque plus habitée que par des gens de couleur. Elle est d'une tristesse remarquable; il me semble continuellement que je suis à Saint-Domingue, dans une des villes du despote noir d'Haïty, où du sultan cuivré qui occupe le Port-au-Prince.

Un anglais, passant hier près de moi, dans la rue, vit un nègre à cheval, s'avanca vers lui, ôtant son chapeau et lui dit : bonjour, monsieur; comment vous portez-vous? L'africain ne le salua même pas, et conversa avec le Breton sur le pied d'égalité, à l'exception de quelque avantage de son côté.

Les rues ne sont point pavées; dans la sécheresse, le sable qu'on y trouve, ajoute à la chaleur, et donne du désagrément aux piétons. Dès qu'il fait un grain, on y est dans la boue. Les maisons sont pour la plupart, en bois; cependant on en voit un petit nombre en pierres. Il n'y a pour défendre la Basse-Terre, qu'une misérable batterie à la pointe de l'ouest. L'ancien fort de l'est, en terre, sur le bord du rivage, n'existe plus; il était déjà démoli lorsque nous nous emparâmes de l'île en février 1782.

Il y a quelques années que l'amiral Missiessi fit une descente à la Basse-Terre, s'en empara, imposa une contribution en numéraire, et se rembarqua. Il avait mis à terre environ trois cents hommes.

N'est-ce pas une chose bisarre que de me retrouver sur des propriétés que les hasards de la guerre me donnèrent occasion de protéger autrefois? D'y avoir sauvé la vie à un des habitans parmi les notables, et de revoir après un immense laps de tems, ces mêmes lieux, étranger à la génération nouvelle qui jouit en paix des services provenant de moi, tandis qu'errant et solitaire, je parcours inconnu, ce théâtre si riche de souvenirs, sans autre avantage que la mémoire du bien que j'ai pu faire, et des actions où j'ai pris part.

Je me rendais hier, après midi, à pied, du côté des Salines, pour visiter le champ de de bataille de Frigate-Bay : en traversant entre deux champs de cannes, je rencontrai trois cavaliers anglais, le père et les deux fils, grands jeunes gens, tenant toute la largeur du chemin. Ils n'eurent point l'attention de me laisser un passage; je me rangeai, sans avoir l'air offensé de leur manque d'égard. Je saluai le père et lui dis: *how do you do Sir?* L'anglo-Caraïbe me regarda, incertain s'il me répondrait, et fut assez incivil pour ne pas rendre le salut. Il me dit alors : il n'y a point de chemin du côté que vous suivez. Où allez-vous par-là? — Je vais aux thermopyles, lui dis-je; votre âge vous permet de me comprendre! — Vous étiez peut-être ici du tems du siége? — Précisément. — Est-ce que vous étiez là, (en désignant la montagne où le combat s'était livré) lorsque Prescott débarqua à Frigate-Bay? — Oui, j'y étais.

— *What do you think of Prescott? was he not a clever fellow?*

— Que pensez-vous de Prescott? n'était-ce pas un habile homme?

— Je pense tout différemment; et je crois qu'il s'est souvenu toute sa vie de la sévère leçon qu'il a reçue de nous. — Mais vous étiez maîtres du pays. — Vous l'étiez bien plus que nous, sur votre propre terrain, où vous disposiez de toute la population noire. Prescott avait dix-sept cents hommes fraîchement débarqués; nous n'avions pas trois cents hommes, excédés de fatigues; il était puissamment soutenu par l'artillerie des frégates mouillées à Frigate-Bay, et par les regards des siens. — Mais il n'avait que mille hommes! — Il avait dix-sept cents hommes venus d'Antigue ; les frégates anglaises avaient passé entre Saint-Christophe et Nièves, pour aller les chercher. Le fait est consigné dans les gazettes anglaises. — Il n'avait point de canons de campagne ! — En avions-nous plus que lui ? Ses soldats étaient armés de fusils et de bayonnettes comme les nôtres. Voyez la relation insérée dans la gazette anglaise d'Antigue de février 1782 ; elle contient l'aveu de ses forces, et celui de sa défaite par une poignée d'hommes. *A handfull of men.* C'est l'expression de la gazette. Nous étions en si petit nombre, relativement à eux, que Prescott, lui-même me dit à Londres, qu'il avait cru, à sa manière dont notre troupe s'était présentée, qu'elle ne formait que l'avant-garde d'un corps plus considérable. C'est pour cela qu'il avait tenu en réserve un de ses bataillons, jusqu'à ce que ne voyant plus rien paraître, quand le feu eut cessé presque entièrement faute de munitions, et presque faute de combattans, parmi les premiers engagés, il se décida à faire marcher ce bataillon, dans le dessein de nous tourner; manœuvre que nous évitâmes en prenant immédiatement une autre position au revers de la montagne, en attendant des secours du marquis de Bouillé. — Il est mort bien du monde depuis que vous avez quitté ce pays-ci? — Comme il arrive dans un long espace de tems. Dans un autre laps de trente-cinq années, il en sera de même : la tombe aura nivelé les riches et les pauvres.

Pallida mors æquo pulsat pede pauperum
Tabernas regumque turres.
Æquâ lege necessitas
Sortitur insignes et imos;
Omne capax movet urna nomen.

HORAT.

Tout change avec le tems : autrefois je fus courtisé par les premiers habitans de ce pays, parce qu'il était en mon pouvoir de leur être éminemment utile; à présent on ne me rend pas même le salut. Autrefois j'avais équipage, aujourd'hui je n'ai plus la faculté d'aller à cheval, comme le commun des hommes que je rencontre à chaque pas.

Atqui
Et genus et virtus, nisi cùm re, vilior algâ est.

HORAT.

En achevant ces mots, je lançai un *farewe l* à mon homme qui me dit : — Mais vous ne pourrez jamais vous frayer un chemin sur ces mornes.

— Je ne suis pas en peine, lui répondis-je : les Français savent surmonter les obstacles. J'ai parcouru ces hauteurs avec des difficultés d'une autre nature que celles qui existent maintenant.... Adieu !

L'anglais, devenu plus poli, me fit une salutation, ainsi que ses deux acolytes ; et je continuai ma route vers la montagne déserte.

Vendredi 14 *juin* 1816 ; *Basse-Terre.*
(*Saint-Christophe.*)

Je dirigeai, hier soir, ma promenade du côté ouest de la ville, par le chemin de Old-Road qui mène aussi à Brim-Stone-Hill. J'eus un vrai plaisir à reconnaître, sur la gauche de la route, un terrain tant soit peu élevé, où j'avais passé une nuit au bivouac.

On peut aller ici facilement en voiture ; c'est un agrément dont on est privé dans plusieurs colonies, notamment à la Martinique, et dans la plus haute partie de la Guadeloupe; on en jouit à Saint-Christophe, avec une température délicieuse et particulièrement salubre. Sur six mille hommes que nous avions dans l'île au tems du siége, on ne comptait pas un seul malade, en dépit des fatigues d'une campagne sous le ciel de la zone torride.

On rencontre très-fréquemment dans la plaine, des cabriolets et des voitures élégantes. On y voit aussi quelques jolis chevaux anglais; mais le luxe n'est plus à beaucoup près, ce qu'il fut autrefois.

Quelques maisons, contre l'usage des colonies, ont des fenêtres vitrées, à la mode anglaise.

Le sucre de Saint-Christophe a conservé sa qualité supérieure. La colonie en produit annuellement, environ quinze à dix-huit mille boucauts. Le boucaut est de deux mille pesant, et même au-delà; conséquemment le double de celui des îles françaises du vent.

L'île entière ne forme, pour ainsi dire, qu'une seule montagne dont les flancs s'étendent en pentes douces jusqu'à la mer. C'est un ancien volcan dont la partie supérieure toujours chargée de nuages épais, laisse voir rarement la fumée que vomit son cratère.

L'île de Saint-Christophe est un produit volcanique. Il est aisé de le voir à l'inspection des pierres et des rochers qui s'y trouvent partout de même nature.

La culture est en très-bon état : dans les champs de cannes, on ne prépare point le terrain comme dans nos îles françaises où l'on creuse, pour trois ou quatre plants, un trou de deux pieds carrés. Ici, l'on fait des sillons de trois pieds de profondeur, où l'on plante deux rangs de cannes, en relevant la terre à une grande hauteur des deux côtés.

On vit très-misérablement à la Basse-Terre : le marché se compose de douze ou quinze négresses qui se tiennent à découvert au milieu de la place, pour y vendre quelques chétifs légumes et de mauvais petits poissons. Tout cela accommodé à la façon anglaise, et saturé de poivre et de piment, forme, avec du pain détestable, le plus méchant repas quo l'on puisse faire. On doit se procurer le vin à part du prix convenu pour l'auberge. Il est vrai que l'on se contente de cinq gourdes par jour, pour le dîner susdit, et de l'eau chaude à déjeûner. Quant au lit, c'est un matelas de plume sur lequel il est impossible de tenir, à raison de la chaleur du pays; et l'on est conséquemment réduit au bois de lit, sur lequel on est heureux de pouvoir étendre une couchette de bord, avec ses propres draps pour plus de sûreté.

Heureusement il y a compensation à tout: je n'ai point oublié les douze nuits de suite, que j'ai passées au bivouac, tant sur la place de la ville que sur les sables du bord de mer; et les rochers des salines, où, n'ayant aucune sorte de distribution, nous étions réduits à manger le fruit du raquettier épineux.

Depuis l'insurrection des nègres à la Barbade (en avril dernier), on s'occupe ici fort sérieusement, de l'organisation de la milice. Tous les hommes de couleur, libres, en font partie.

Le commandant militaire est M. Rawlins,

petit-fils de celui dont l'habitation tomba en mon pouvoir, dès notre arrivée devant Brim-Stone-Hill, en janvier 1782.

Je marchais à la tête de l'armée avec des chasseurs, et j'y fus envoyé avec dix hommes. Ce Rawlins était opulent, tout dans sa demeure, annonçait qu'elle appartenait à un millionnaire. L'escalier orné de tapis, était en acajou. Des glaces de grand prix, multipliaient les richesses de l'ameublement et mille objets de luxe, parmi lesquels une bibliothéque choisie.

Les remises renfermaient plusieurs voitures élégantes, dont une faite à Londres à grands frais.

Rawlins venait d'abandonner sa maison quand j'y entrai. Il était monté au fort, dont on se trouvait, chez lui, à portée de la voix. Il me fit tirer un assez grand nombre de boulets, qui pénétraient par la toiture jusqu'au parquet du rez-de-chaussée. Pas une plume ne fut enlevée de cette maison; mais, peu après, notre tranchée n'en étant qu'à cinquante pas, cette même maison fut choisie pour un dépôt de bombes chargées, et de poudre à canon. Un nommé Cracovie, polonais, chasseur de ma compagnie, déserta, monta à Brim-Stone-Hill, informa les Anglais, et je vis tomber l'obus qui mit le feu au magasin.

Une immense masse de fumée s'éleva dans les airs, noir présage de l'explosion qui suivit à l'instant. Les bombes éclataient de toutes parts; leurs débris sifflaient au-dessus de nos têtes; mais tandis que les Anglais du fort vociféraient des *houzas*, notre batterie de mortiers se trouvant prête à faire feu, Chanterenne, brave artilleur, la fit jouer à l'instant, ce qui produisit de l'étonnement et une terreur panique parmi les Anglais, qui cherchèrent aussitôt et sous nos yeux, à se mettre à l'abri de nos bombes.

Samedi 15 *juin* 1816; *Basse-Terre.*
(*Saint-Christophe.*)

J'avais rencontré, les premiers jours de mon arrivée, un écossais, M. Bell, neveu et associé de M. Sloane, riche négociant qui était ici pendant le siége; il m'avait engagé à entrer chez lui, et m'avait présenté à son épouse, jeune femme de vingt-quatre ans, d'humeur douce, de figure agréable, et de cette richesse physique, apanage des belles années.

Après la première visite, comme je prenais congé de l'un et de l'autre, en secouant le bras du mari et saluant la dame; celle-ci me tendit affectueusement la main; je la saisis avec vivacité. La nouveauté de cette franchise du bon vieux tems me fut d'autant plus agréable que je ne m'y attendais nullement; j'y trouvai ce piquant qui est le propre de toutes les sensations éprouvées pour la première fois.

Mistress B... m'avait beaucoup parlé de sa mère et de ses sœurs qui demeuraient à l'ouest de la ville, dans la partie nommée Irish-Town. Elle me disait que sa mère l'avait entretenue fréquemment de l'histoire du siége, de particularités diverses à ce sujet, de plusieurs officiers dont elle conservait encore le souvenir, et au sujet desquels elle aurait beaucoup de satisfaction à causer avec moi. Je lui dis que j'en ressentirais infiniment moi-même; et comme il était possible que j'eusse quitté l'île dès le lendemain, elle m'engagea à venir prendre le thé chez elle le même soir, m'assurant que sa mère, ses sœurs et son frère y seraient, ainsi qu'un autre parent qui vivait à la campagne, et chez lequel on enverrait.

J'acceptai l'invitation, et je revins chez mistress B..... vers sept heures du soir. Elle était seule : une toilette élégante rehaussait à merveille l'éclat de sa jeunesse et la beauté de ses formes. Elle portait, en ornement, un collier de perles fines enrichi d'une torsade en brillans, d'un goût très-distingué et de l'effet le plus joli. Sa robe était d'une blancheur éblouissante.

Madame...., sa fille cadette, et une autre demoiselle, entrèrent peu après avec M. B.... qui était allé les prendre en voiture.

Tandis que le thé se préparait, j'engageai la conversation avec la mère, femme de fort bonne mine, quoique âgée, d'excellent ton, ayant toutes les manières d'une femme parfaitement élevée.

Madame B.... prit part à notre entretien, souvent interrompu par quelques mots du mari qui venait d'entrer, dans un état d'ébriété que ces dames ne remarquèrent pas moins promptement que moi. Il se donnait, autant que je pouvais comprendre son verbiage sourd et entrecoupé, pour ce qu'on appelle en anglais: *a good scholar*, un lettré, un latiniste. Il me pria de lui parler latin; sur quoi je lui dis qu'à moins de nécessité, celui qui s'avisait de converser en latin était un homme sans goût, et par cela même, donnait la preuve positive qu'il était incapable de sentir les beautés de Virgile et d'Horace; car, s'il en était pénétré, il aurait, pour parler latin, ou pour dire des sottises, une répugnance insurmontable.

Il se contenta donc de décliner successivement, et d'une manière que son état rendait passablement comique, les mots latins qui expriment la mère, le fils, l'homme, la femme, etc., et termina par cet adage: *Vir sapit qui pauca loquitur.* Le sage parle peu.

Je ne compris pas d'abord, vu que les Anglais prononcent le latin comme leur propre langue, ce qui le dénature totalement, même pour celui à qui leur idiôme est familier.

Il prononçait ainsi :

Ver sepet qoui poqué loqueteur.

Ce mot *ver* (le printems), dètourna un instant mon idée; mais le reste de la sentence un peu moins dénaturé, et la connaissance de cette prononciation, me ramenèrent au sens vrai, dès qu'il eut répété ce peu de mots.

A peine avait-il achevé, que je lui portai un coup de tems, en lui proposant à mon tour le passage suivant : *Video meliora proboque, deteriora sequor;* qu'il comprit, sans se douter de l'application.

Nous venions de nous placer à la table de thé; les choses allaient à merveille; la conversation était gaie, quoique les deux demoiselles s'abstinssent d'y prendre part, lorsque tout-à-coup entre un jeune homme, frère de Mme B. et des deux demoiselles. Après avoir gardé quelques momens le silence, il me demanda ce que je pensais de Buonaparte.....

Le jeune homme, qui attendait une réponse toute autre que celle que je lui adressai, me dit, les yeux en feu, avec le ton d'un illuminé : *I am an Englishman in the hearth, and I think; he is the greatest man who ever was!* Je suis anglais dans le cœur, et dans mon opinion, c'est le plus grand homme que la terre ait porté !

En effet, vous devez penser ainsi, lui répondis-je ; vos compatriotes ne feraient que se montrer reconnaissans, s'ils lui érigeaient une statue d'or, en mémoire de la prospérité dont il fut pour eux la source, et de la ruine totale dont il se plut à les préserver.

(Tel homme qui existe a osé imprimer en 1809, au plus fort de ses désastreux succès, que si lui, Buonaparte, continuait en aveugle son plan désordonné, et qu'il s'obstinât à tourner le dos à l'unique ennemi de la France, au lieu de tenter glorieusement (tenter au moins) de le frapper au cœur, sa gloire passerait comme l'ombre; il entraînerait et la France et lui-même dans les plus épouvantables calamités, en donnant à l'Angleterre le sceptre du monde.)

Mais quelle que puisse être votre opinion,

cela importe extrêmement peu. Je ne suis point ici pour vous convertir, et la vie est trop courte pour donner maladroitement à de sombres questions politiques les momens précieux que nous offre la société des dames, particulièrement de celles avec lesquelles nous avons l'avantage de nous rencontrer ici.

Chacun se trouvant de mon avis, la politique fut éconduite; nous renvoyâmes le jeune Seïde à Sainte-Hélène, avec celui qu'on a l'extrême complaisance ou l'arrière-pensée d'y entretenir. Le reste de la soirée se passa très-agréablement entre tous les convives.

Dimanche 16 *juin* 1816; *Basse-Terre.*
(Saint-Christophe.)

Sur le point de partir de Saint-Christophe, je voulus hier faire mes derniers adieux aux mânes de mes anciens camarades glorieusement moissonnés au champ d'honneur.

Je quittai la ville de bonne heure l'après midi, et prenant de nouveau par l'habitation Rawlins, je gagnai le petit sentier qui vient aboutir au pied occidental du morne de Frigate-Bay. Je montai, et, rendu au sommet, je m'arrêtai un moment pour jouir du riche et imposant coup-d'œil qui s'offrait à moi de toutes parts. En avant, je plongeais à vue d'oiseau sur l'isthme resserré qui joint la partie des Salines, et dans lequel se trouve une très-jolie habitation, où j'eus le bonheur de sauver autrefois plusieurs grenadiers anglais qui y périssaient sans secours. Au-delà de cet isthme, dans l'est, la mer s'étend au loin, du côté d'Antigue.

ILE D'ANTIGUE. (*Antigoa*)

Antigue, île d'Amérique, l'une des Antilles anglaises, de forme circulaire et d'environ dix lieues de longueur, sur une largeur à peu près égale.

Longitude occidentale, 64^d 10^m; latitude nord, 17^d.

Quelques français chassés de Saint-Christophe par les Espagnols, s'y réfugièrent, et l'abandonnèrent bientôt, la trouvant sans sources. Quelques anglais s'y sont fixés après, et à force de travaux, ils sont parvenus à y recueillir de l'eau de pluie et à y faire croître du sucre et du tabac. Quoique environnée d'écueils, elle offre à présent le meilleur port des Antilles, et le chantier le plus sûr et le plus commode pour le radoub de la marine royale.

On compte à Antigue, sept mille blancs, et trente mille nègres. La capitale est Saint-Jean.

Vers le sud-est, s'élève un magnifique amphithéâtre de montagnes, dont les unes, sur un plan reculé, lèvent leurs cimes altières, pour exhausser au-dessus des nuées, le majestueux piton de l'île de Nièves, tandis que les autres forment en dedans, cette rade de la Basse-Terre, où vingt-deux vaisseaux de ligne étaient embossés en 1782, sous l'amiral Hood; tandis que l'escadrille de frégates qui vint protéger le débarquement des troupes de Prescott, était mouillée contre le rivage de Frigate-Bay.

Exactement en arrière, vers l'ouest, le coup-d'œil est d'une autre nature, et non moins beau : je découvrais la partie la mieux cultivée de l'île, avec ses principales montagnes, dont les sommets orgueilleux laissent un voile entre leurs pitons enfumés et les plaines humiliées.

Du même côté, la ville de la Basse-Terre, ceinte de bouquets formés de cocotiers, de palmistes, de citronniers, bananiers, frangipaniers, etc. etc.; au nord-est de ses murs, le riche tapis de verdure qui embellit un bassin d'une lieue et demie carrée, parsemé de riantes habitations; et enfin, dans la direction du midi, une rade célèbre, étonnée de ne voir flotter aujourd'hui sur ses eaux, que huit ou dix navires, et autant de bateaux ou goëlettes!

Après avoir rassasié mes regards, je commençai à suivre du côté sud, au lieu de prendre l'embranchement de l'est, qui m'eût mené dans l'isthme. J'allais précisément vers le champ de bataille, et j'avais une donnée certaine pour le reconnaître : c'est que, pour y arriver, il fallait trouver, en direction nord et sud, et sur le penchant oriental du morne, un endroit où je pusse marcher de plain-pied, l'espace de quarante toises environ; ce fait étant gravé dans ma mémoire.

En effet, le sentier s'est trouvé sur le terrain même que nous avions traversé pour nous avancer contre les Anglais. J'ai reconnu le local avec exactitude. Etonné toutefois, qu'en des retraites sauvages où la nature, livrée à elle-même, semblerait devoir conserver un aspect toujours semblable sur des points aussi arides, cet aspect fût grandement changé.

Anciennement ce morne était découvert; on n'y voyait çà et là, que des bouquets de raquettiers. Aujourd'hui ces plantes, en moindre quantité, sont presque étouffées sous l'immense famille d'épiniers dont le morne est couvert en totalité; au point que s'il n'y avait pas de sentier, il faudrait un tems considérable, et se soumettre à des peines indicibles, pour se frayer un passage. Il y a cependant quelques petites clairières de côté et d'autre, sur des points où l'on a mis le feu.

Parvenu au champ sacré, je me suis arrêté, non sans avoir observé chemin faisant, des masses de raquettiers, issus peut-être de ceux à qui je dus la vie, lorsque, en accourant pour joindre la ligne de bataille, et forcé de dévier pour éviter ces obstacles, ils étaient à l'instant même, criblés par des volées de mousquetterie, et par la mitraille des frégates.

Pour trouver le local du champ de bataille, il faut, en allant par le sentier ci-dessus indiqué, en direction sud, faire face à la petite case nommée Broumey, du nom du propriétaire, et s'arrêter à-peu-près à cent toises en arrière, nord de cette même case, et à vingt-cinq toisesenviron, de l'endroit où le sentier commence à descendre.

Le combat s'engagea sur ce point; notre ligne croisée perpendiculairement par le sentier dont je viens de parler. La tête de l'ennemi n'était qu'à dix pas de nous, presque de niveau. Le surplus de ses forces se trouvait au-dessous; le terrain, très-accidenté dans cette partie, descendant tout-à-coup avec roideur, pour former une ravine profonde qui coupe de l'ouest-nord-ouest au sud-sud-est, le flanc oriental du morne. Ce dernier, taillé à pic, au-dessus de la mer, en regard du midi, recourbe à l'orient, par une pente plus douce, ou va joindre cette partie du rivage de Frigate-

Bay où les deux bataillons que Prescott amena pour nous combattre, s'étaient réunis sur un tertre, à gauche de leur point de débarquement. C'est là qu'ils se trouvaient fraîchement descendus, lorsque nous les aperçûmes à deux cents toises, du plateau opposé, que traverse la route de la Basse-Terre à Frigate-Bay.

Après m'être arrêté quelque tems sur le champ de bataille, assailli de souvenirs, méditant sur la vie et ses évènemens, sur la bizarrerie de ma destinée, qui, de tous mes compagnons d'armes, me replace seul, après trente-cinq années, sur un point aussi sauvage, et si distant de ma patrie; après avoir observé d'un œil curieux, parcouru, étudié pour ainsi dire, cette intéressante localité; après en avoir dessiné les plantes, et les divers points de vue; après avoir acquitté religieusement le juste tribut d'hommages dû à la mémoire des braves, et mêlé la fleur sauvage à leur poussière vénérable, j'ai suivi le sentier jusqu'à la case Broumey, où j'ai trouvé une espingole à pivot.

Le plateau finit là; derrière à vingt pas, la

côte plongeant presque à pic, présente un aspect si horriblement imposant, qu'il est difficile de s'en faire une idée : ce sont de ces retraites affreuses où le silence de la mort a régné depuis la formation du globe ; la chèvre des rochers n'ose s'y aventurer, et l'oiseau de mer, planant au-dessus du rivage qu'il fatigue de ses cris aigus, est le seul être vivant qui puisse en mesurer les sombres profondeurs !

J'allais descendre vers Frigate-Bay, lorsque j'ai aperçu dans les épiniers, un nègre en chemise rouge, toute en lambeaux. Je l'ai appelé ; il est venu ; on aurait pu le prendre pour une ombre échappée des royaumes de Pluton.

Ce noir fantôme du désert m'a dit qu'il était français, de la Grande-Terre (Guadeloupe), qu'on l'avait transporté à Curaçao, puis à Saint-Christophe, où on l'avait vendu depuis quatre ans ; il s'appelait Jean, et avait appartenu ci-devant à M. Lafond Chéropin. Je lui ai fait diverses questions sur la manière dont il pouvait vivre dans une si effroyable solitude, etc. La pitié m'avait fortement saisi : ce malheureux, très-beau nègre, tout jeune, et naturellement robuste, pouvait à peine se soutenir ! Il m'a indiqué une trace pour descendre à Frigate-Bay, où je me suis rendu en peu d'instans, m'arrêtant sur ce tertre où les Anglais s'étaient rangés en bataille au moment de leur descente. De là, traversant entre deux champs de cannes, de l'habitation Ryan, je suis arrivé dans l'allée de cocotiers où était le 3me bataillon anglais en réserve, et où je vins le lendemain du combat, avec quatre chasseurs seulement. Les frégates ennemies étaient encore mouillées contre terre, leurs batteries de niveau avec nous, à cent toises. Cependant on ne fit pas feu, et nous entrâmes dans l'habitation dont j'avais arrêté le procureur, quelques heures auparavant.

Je montais alors le cheval de cet individu, et je n'ai jamais songé qu'à présent, en me rappelant toutes les instances qu'il me fit pour le laisser aller en ville, après qu'il eut passé la nuit avec moi sur le chemin ; je n'ai, dis-je, songé qu'à présent, que cet homme était, il y a mille à parier contre un, chargé de dépêches, de la part du général Prescott.

Je voulus donc entrer hier, dans cette même habitation, où je reconnus avec délices le local au rez-de-chaussée, dans lequel étaient étendus les grenadiers ennemis que je sauvai, et qui, dans l'excès de leurs souffrances, frappaient encore les murs contre lesquels on les avait étendus. M. Ryan, aujourd'hui manager (procureur) ne s'y trouvait point. Je le rencontrai à cinq cents pas de là, revenant de la chasse; il m'offrit de rentrer à l'habitation, et de me rafraîchir; il était tard; je pris congé de lui, et n'arrivai en ville qu'avec la nuit, abymé de fatigues.

Lundi 17 *juin* 1816; *Basse-Terre (Saint-Christophe.)*

Hier, dimanche, de ma chambre même, j'eus le plaisir de voir défiler les dames anglaises qui se rendaient à l'église. Le blanc et le noir formaient exclusivement les costumes; le voile noir généralement porté avec l'un ou l'autre. L'église, quoique petite, n'était pas à moitié remplie. On ne voit point ici dans le saint lieu, cette affluence qu'on remarque dans les temples des État-Unis. Les dames étaient élégamment mises; quant à leur beauté, les créoles ont la grâce et les formes; si l'Europe les a vu naître, ce n'est plus le cas de les juger dans les colonies; mais par cela seul qu'elles sont anglaises, on peut, sans avoir parfaitement distingué leurs traits, augurer favorablement. Elles ressemblent à ces productions classiques où l'on est toujours certain de trouver des traits admirables. *Ubi plura nitent.*

Il est difficile de concevoir qu'il puisse exister de plus belles femmes que celles qu'on voit à Londres.

Il est entré aujourd'hui une frégate anglaise venant de la Barbade. Le packet d'Europe, arrivé hier, porte des papiers jusqu'au 3 de mai. Ils ne contiennent point de nouvelles. C'est toujours l'ennuyeux article des interrogatoires des .... etc. Les réflexions de l'orgueil à ce sujet, et le pathos amphigourique des réponses des accusés........ *Je suis né dans un pays où l'es-*

prit social fait partie de l'esprit public, et où l'on ne se permet pas de trahir l'amitié. Tout ce verbiage pédantesquement orgueilleux, pour dire je ne réponds point à telle question ! *Vanitas vanitatum, et omnia vanitas !*

J'ai arrêté mon passage sur le *Packet*, qui fait voile demain pour Tortole, devant ensuite se rendre à Saint-Thomas. Le prix est de vingt-quatre gourdes, sans la nourriture, et sans la dépense à terre, pendant le séjour à Tortole.

Ce n'est pas tout que de voyager; il faut de l'argent. Souvent le chagrin monte en croupe, et galoppe avec nous:

Post equitem sedet atra cura.

Je ne sais si un autre serait gai; mais pour moi, à 1800 lieues de ma patrie, assez mal portant, obligé de vivre sans cesse l'or à la main, dans un pays où il n'est pas difficile de dépenser un quadruple (cent soixante francs) par jour; je me vois à mes derniers doublons. Cependant il faut faire contre fortune bon cœur; le pire serait de se laisser abattre et dévorer par l'inquiétude et le découragement, quand la force d'âme et la présence d'esprit sont les seules choses qui puissent nous sauver.

Je rencontre peu d'individus que, toutes compensations faites, j'estime plus malheureux que moi. C'est ce qui a été cause de cette violente sensation de pitié dont je me sentis atteint avant-hier, lorsque je rencontrai, dans un horrible désert, ce malheureux nègre, isolé de toute la nature, riche seulement de sa misère habituelle, de sa nudité permise, de la cécité mentale, et des ressources d'un corps jeune et naturellement robuste, quoique réduit à se traîner douloureusement dans une forêt d'épiniers sauvages!

C'est là qu'il faut retremper son âme, et tirer avantage même des objets hideux que le hasard présente à notre vue et à notre méditation.

Quant à moi, qui ai joué un rôle distingué dans cette ville, et qui ai rendu d'importans services à diverses familles de Saint-Christophe, peut-être ne trouverais-je pas ici une guinée, si j'en avais besoin : le monde est ainsi fait.

Le marquis de Bouillé, lui-même, qui s'empara si glorieusement de cette île, et qui en vit les habitans à ses pieds, y fut jeté par la destinée, il y a quelques années, exilé, errant, infirme et âgé !.... Et de lui-même, me disait un anglais, il ne restait que son œil de feu !

Mardi 18 *juin* 1816; *Basse-Terre.*
(*Saint-Christophe.*)

Un an s'est écoulé depuis la mémorable bataille de Waterloo.

Que de victimes pour un misérable, tellement mal habile, qu'on a peine à concevoir comment il serait possible de porter l'aveuglement et la démence au même degré que lui !

Quel dommage pour certaines renommées, quand l'histoire redira quel homme fourvoyant les phalanges françaises, abusa de leur courage, les fit mutiler, anéantir; et, comme le génie du mal, disparut à la faveur des ténèbres!

Qui n'a mille fois répété avec moi, dès

l'ouverture de la campagne, que Buonaparte se prendrait dans le premier piége qui lui serait tendu? Non qu'il fût possible d'imaginer que le caporal le plus encroûté d'ignorance pût, avec les troupes formidables dont il avait le commandement, faire de si monstrueuses bévues qu'en trois jours, son armée, de cent cinquante mille combattans, serait annihilée, et lui cherchant à se sauver, pour unir en ce qui le concerne seul, le nom de Waterloo à ceux de Saint-Jean-d'Acre, d'Alexandrie, d'Esling, de Madrid, de Moscou, de Dresde, de Fontainebleau, etc. etc. etc!

Où diable va-t-il choisir son champ de bataille?... pas une issue! les Anglais, les Prussiens et la Sambre forment autour de lui un triangle dans lequel il est enfermé.

Dans un pays facile de sa nature, et peuplé d'habitans dévoués à sa cause, à l'heure du combat, il ignore qu'il a sur sa droite cent mille ennemis, à moins d'une demi-marche.

Il attaque une armée aguerrie, retranchée et adossée à une vaste forêt, d'où il serait impossible de la débusquer!

Comment concevoir qu'on fasse à diverses reprises, charger de l'infanterie non ébranlée, soutenue par une immense cavalerie, et l'artillerie la plus formidable ?

Quel homme de guerre que celui qui ne s'est ménagé aucune retraite, ayant derrière lui une rivière profonde, sur laquelle, dans l'intervalle de plusieurs lieues, se trouvent deux ponts chétifs, que trois ou quatre charrettes peuvent obstruer totalement !

Et néanmoins, il défie présomptueusement toutes les forces de l'Europe, sans pouvoir tenir trois jours contre la plus faible partie des troupes destinées à le combattre !

Que dire de celui qui n'avait qu'un seul ennemi, qu'il n'osa jamais attaquer sur son terrain ? qui lui a donné une armée de terre qu'il n'avait point ; à laquelle il était loin de prétendre ; une armée telle, que la sienne formée d'hommes renommés de la vieille garde, ne peut en soutenir le choc (toutefois avec la puissante coopération des Prussiens), malgré les plus hauts faits de bravoure de la part des soldats français !

Quelles scènes horribles durent se passer, lorsque les ombres de la nuit enveloppèrent les débris encore populeux de cette aveugle association de victimes si héroïquement dévouées ?

Ainsi, lorsque le ciel en courroux, fait descendre des sommets altiens de l'orgueilleux Pyrénée deux énormes nuages qui portent la grêle et la foudre dans leurs flancs noirâtres : dès le choc effrayant qui agglomère ces imposantes masses, les fléaux sont versés sur les campagnes désolées. L'orgueilleux épi qui se balançait sur sa tige altière, tombe coupé comme par la faux du moissonneur. Les familles en fuite, disparaissent, entraînées par la violence des torrents dévastateurs. Les débris des tours antiques, les toits des laboureurs et les blocs de granit, tumultueusement descendus de la crête des montagnes, roulent concassés et froissés avec un épouvantable fracas : tout est anéanti dans un clin-d'œil ; les champs eux-mêmes ont, pour ainsi dire, changé de forme et d'aspect. Le cultivateur consterné promènera long-tems et douloureusement ses pas sur le sol jonché de ruines; en peine de retrouver le dieu Therme, au milieu des ravages et du bouleversement général de la contrée!

On donne aujourd'hui grand bal à l'hôtel-de-ville, en commémoration de la victoire de Waterloo. Je perdrai cette occasion, de voir danser les belles de Saint-Christophe; les petites-filles de celles que j'ai connues autrefois jeunes et gentilles, comme elles sont maintenant,

Linquenda tellus, et adhùc æquor arandum!

La frégate qui mouilla hier ici, portait quelques hommes du 15me régiment, en garnison à Brim-Stone-Hill, où commandaient les généraux Shirley et Fraser, lorsque nous le prîmes en février 1782.

J'eus à cette époque, une occasion d'aller à bord du *Barfleur*, vaisseau à trois ponts, que montait l'amiral Hood. Shirley ayant envoyé un capitaine de grenadiers, pour rendre compte à l'amiral des détails du siége, et des motifs qui l'avaient contraint de se rendre avec sa garnison; l'officier vint en ville, et se rendit chez le commandant, mon ancien ami, le comte de Fléchin, qui me fit prier de passer chez lui pour interpréter.

Ayant su ce qui amenait le capitaine, le Comte lui accorda deux heures, m'autorisant à le suivre à bord du *Barfleur ;* ce qui aurait satisfait ma curiosité; mais songeant que ç'eût été en quelque sorte, montrer de la défiance envers cet officier qui allait sur sa parole, je préférai me priver du plaisir que j'aurais eu, et je le laissai aller seul, sur le vaisseau de l'amiral, d'où il revint au tems prescrit.

Ce même jour, ou le lendemain, il arriva ici un évènement auquel on était loin de s'attendre, et dont je faillis être victime. L'escadre anglaise se trouvait bloquée dans la rade de la Basse-Terre. Une corvette y courait des bordées; des spectateurs en nombre immense, composés d'anglais ou d'habitans, beaucoup plus que de français, se pressaient sur le rivage pour la voir manœuvrer. Tout-à-coup elle vint à si petite distance de terre, qu'elle n'avait pas une seconde à perdre pour virer de bord; ce qu'elle fit à l'instant; et comme elle présentait le travers, je dis, en plaisantant, à un de mes amis : si elle allait nous régaler de sa volée ! A peine avais-je dit, qu'elle fit feu de tous ses canons de tribord. Un indicible désordre agita la foule qui, dans un clin-d'œil, laissa la plage à nu ; plusieurs personnes furent tuées et blessées. L'épouvante était en ville ; les principaux habitans s'assemblèrent ; une députation fut chargée de porter des plaintes à l'amiral. On répondit que l'officier était ivre ; qu'il serait puni, et la chose finit là !

Peu après, je me rendis au fort de Brim-Stone-Hill, suivi de mon nègre Bill. J'y montai avec une peine extrême, le sentier étant roide à l'excès, et ne permettant point le passage de deux personnes de front. Je fus obligé de prendre haleine souvent, avant d'avoir atteint le sommet, d'où le coup-d'œil enchanteur au loin, montrait, en le rapprochant à un mille de rayon, d'horribles traces de feu, semblables à un crêpe lugubre étendu autour de la montagne.

Le lendemain, de retour à la Basse-Terre, mon hôte, M. O-Brien, négociant irlandais, m'éveilla de bonne heure, pour me faire voir la rade entièrement nue et déserte ! M. de Grasse, au moment où il importait plus que jamais d'être sous voile, et d'observer une escadre ennemie, inférieure de dix vaisseaux de ligne, était allé jeter l'ancre à Niéves, comme pour faciliter la fuite de l'amiral Hood ! Celui-ci ne perdit pas de tems; il coupa ses cables à minuit, et fila vent arrière. Douze heures après, M. de Grasse vint occuper son mouillage ! Je le vis descendre à terre, et n'observai rien d'extraordinaire dans sa contenance, que je m'attendais à trouver empreinte de mortels regrets, après de si inconcevables sottises !

(A la mer.) Trajet de Saint-Christophe à Tortole.

Embarqué à quatre heures après midi, à bord du packet le *Sandwich*, capitaine Skillen, allant à Tortole. Tems superbe, vent d'est.

A cinq heures, levé l'ancre ; à six heures, nous nous éloignons à toutes voiles, en courant à l'ouest. Déjà Niéves abaisse sa tête altière, et nous longeons, à petite distance, les bases antiques du volcan de Saint-Christophe, dont le cratère exhale une légère fumée, au-dessus de la région des nuages.

Brim-Stone-Hill vient de paraître ! Brim-Stone-Hill, dont les échos retentirent horriblement, le jour où le pavillon des Lis y fut salué de vingt-un coups de canon, le 12 février 1782 !

Saint-Eustache fait voir au couchant, sa montagne pelée.

Le coup-d'œil de la verdure de Saint-Christophe est ravissant ; la pente douce du terrain contribue à cet heureux effet, en développant à-la-fois, l'ensemble de ses richesses, ses habitations agréablement bâties, ses moulins en activité, ses champs de cannes coupés de profondes ravines sillonant les monts depuis leurs sommets jusqu'à la mer, et les pâturages entremêlés çà et là, et la riante variété d'une verdure sombre et des verds nuancés ; et enfin l'antique forêt qui s'élève dédaigneusement au-dessus des terres en culture, et dont les sommités se nourrissent des plus légères vapeurs de l'atmosphère !

Le soleil va terminer sa course. Les mornes des salines se perdent à nos regards; je dis un éternel adieu au terrain sacré des Thermopyles, au tombeau des braves, aux montagnes et au rivage de Frigate-Bay!!!

Nous avons dépassé Old-Road, et nous sommes en face de Brim-Stone-Hill. Il paraît qu'on y a ajouté de nombreuses fortifications. J'en aperçois distinctement, sur quatre différentes assises, qui se commandent l'une l'autre. C'est le Gibraltar des Antilles!

Sa hauteur ne passe guère 125 ou 150 toises au-dessus du niveau de la mer; et quoiqu'elle paraisse considérable quand on est au sommet du fort, comme je l'ai éprouvé; cependant Brim-Stone-Hill semble peu élevé, en comparaison de la principale montagne, qui en est à petite distance, et néanmoins hors de portée des projectiles, dans les parties d'où le fort est commandé; outre que cette montagne a trop de roideur en ces endroits, pour qu'il soit possible d'y transporter de l'artillerie.

L'île de Saba se fait voir à l'ouest; c'est

le pendant de Saint-Eustache, pour la grandeur, l'élévation et les formes; mais non pour le commerce, quoiqu'il soit infiniment tombé, et pour ainsi dire annullé à Saint-Eustache.

SABA.

Saba, petite île d'Amérique, une des Caraïbes, à environ neuf lieues nord-ouest de Saint-Eustache. Longitude occidentale, 65d 30m. Latitude, 17d 39m. Elle a sept lieues de circuit, et appartenait anciennement aux Danois. Elle semble n'être qu'un rocher; mais quand on en est bien près, elle offre un aspect agréable. Des pluies fréquentes, mais dont l'eau ne séjourne pas, y font croître des plantes d'un goût exquis. Elle n'a point de port; la mer y est si peu profonde, qu'il n'y a que de petits bâtimens qui en puissent approcher. La nature paraît l'avoir fortifiée, et l'on ne peut arriver dans les plaines où séjournent les habitans, que par un passage étroit, où deux hommes seulement, peuvent aller de front. Elle est divisée au midi, en deux parties, contenant environ soixante familles et deux cents esclaves, dont la principale occupation est de cultiver du coton et quelque peu d'indigo.

A trente lieues dans le sud de Saba, on trouve la petite île d'Aves, ou des Oiseaux, inhabitée. Les cartes marines indiquent un banc de sable qui occupe tout l'intervalle entre ces deux îles.

SAINT-EUSTACHE.

Saint-Eustache, petite île d'Amérique, l'une des Antilles, à quatre lieues nord-ouest de Saint-Christophe, et au sud-est de Saba. Longitude occidentale, 65^{d} 25^{m}. Latitude, 17^{d} 29^{m}. Elle a cinq lieues de long, sur deux de large. C'est un rocher escarpé, qui s'élève de l'Océan en forme de pain de sucre. Elle est bien cultivée. Ses productions naturelles sont : du tabac et du sucre plantés tout autour de l'île, excepté sur le sommet de la montagne où est une plaine ouverte, servant de retraite aux bêtes fauves. Il n'y a ni sources ni rivières ; les étangs seuls et les citernes y fournissent de l'eau. Les magasins des négocians occupent la plus grande partie de l'île.

Saint-Eustache fut pris sur les Hollandais, et pillé par l'amiral Rodney en 1781. Cette même année, les Français la leur enlevèrent par surprise, ayant à leur tête le marquis de Bouillé.

Mercredi 19 *juin* 1816; (*à la mer*) *trajet de Saint-Christophe à Tortole.*

A huit heures, par un tems admirable, nous découvrons les îles Vierges; Virgin-Gorda est à notre droite; Cooper, Peter et St-John sont à gauche; Tortole est en face de nous, formant, avec les petites îles, ce qu'on nomme Drake-Bay.

LES VIERGES.

Les Vierges, îles de l'Amérique septentrionale, entre Porto-Rico et les Antilles, dont les principales sont : Virgin-Gorda, ou Spanish-Town, et Tortola aux Anglais; Saint-Jean et Saint-Thomas aux Danois; les autres sont inhabitées. Longitude occidentale, 66^{d} 45^{m}. Latitude nord, 18^{d} 31^{m}.

L'archipel des Vierges forme un groupe d'une soixantaine de petites îles et rochers, la plupart n'offrant qu'un sol montueux, sec et aride.

Sainte-Croix nous reste dans le sud-ouest; l'île est plate; nous ne l'apercevons point, quoique à peu de distance. J'espère y aller faire un tour, de Saint-Thomas, et rendre compte de sa fertilité et de son opulence vantées.

Le *Sandwich Packet* marche on ne peut mieux; il est doublé en cuivre; l'équipage est nombreux et choisi. Il faut convenir que c'est un établissement admirable. Les postes ne sont servies ni plus régulièrement ni avec plus d'ordre, sur le continent européen. C'est un avantage inappréciable pour les colons, et pour le commerce en général.

Notre navigation est délicieuse; vents, courans, ciel et mer, tout est en notre faveur.

On est parfaitement logé dans le paquebot; il y a un grand nombre de cabanes propres et commodes, et l'on y est très-bien servi.

Quoique sur un brick, il me semble être sur un vaisseau à trois ponts, en comparaison de ces maudits bateaux et goëlettes, sur lesquels j'ai navigué exclusivement, depuis huit mois. Anciennement, la première fois que je passai à bord d'un navire de 500 tonneaux, après avoir monté pendant quatre années, des vaisseaux de ligne, il me sembla être embarqué sur une coque de noix.

L'état major du Packet est composé du capitaine, deux officiers et un chirurgien, tous fort honnêtes, *and good fellows*. Le capitaine arriva d'Europe à la Barbade, précisément à l'époque de la dernière insurrection des noirs; il en est encore frappé. Nous en parlions hier soir; il est comme moi d'opinion que les îles ne sont pas loin de leur destruction. On a pendu à la Barbade vingt et un nègres, le jour du départ du Packet. Chacun d'eux a été exécuté sur l'habitation à laquelle il appartenait.

Le chef, mulâtre, nommé Pitt, Washington, Franklin, est en jugement. Ce qu'il y a de bien singulier, c'est qu'il a pour lui les blancs les plus respectables de l'île, parce que, lors du désordre (dont néanmoins il était l'âme), il prit infiniment de peines pour sauver un grand nombre de familles, et les faire passer en ville, à travers tous les obstacles que présentaient les nègres insurgés.

Mais je ne vois pas comment il sera possible de ne point condamner cet honnête propagandiste, en dépit de l'intérêt qu'on lui porte. Car si un brigand m'a arrêté et volé sur la grand'route, le juge ne l'acquittera point pour n'avoir pas fait feu sur moi, ni pour avoir empêché qu'on m'assassinât, et lors même qu'il m'aurait généreusement laissé de quoi me rendre à ma destination.

Au reste, ces hommes meurent avec une résignation effrayante. J'ai déjà traité ce sujet, en parlant de la Martinique, où je fus témoin le 4 décembre dernier, de l'exécution de douze nègres ou mulâtres.

Dieu veuille ne pas permettre de nouveaux désastres, et protéger d'innocentes familles qui méritent d'être heureuses, par toutes sortes de bonnes qualités, parmi lesquelles brillent à un éminent degré, l'hospitalité généreuse, beaucoup de franchise et d'amabilité!

Puissent ces lignes que je trace, le cœur

agité comme les flots, quand les feux du soleil ont déchaîné le vent d'Afrique, venir un jour sous les yeux de ceux sous le toit desquels je reçus un gracieux accueil, et mille attentions gravées dans mon souvenir! Les revoir serait un plaisir trop vif; les heures s'écoulent avec une impitoyable rapidité. Bientôt viendra celle qui doit ensevelir à jamais l'homme et sa mémoire, et ses amis et les objets de ses plus chères affections, et les divinités qui charment jour et nuit ses pensées, et l'encens même qu'il brûle en leur honneur!!

Les îles Vierges que nous avons sous les yeux, de très-près, me paraissent en ressemblance parfaite avec les Saintes et les Grenadilles. C'est le même genre de mornes, sous des formes assimilées, avec des productions de même nature. La seule différence est que dans l'ensemble des îles, il s'en trouve ici d'une plus grande dimension.

Tortole est située par 18^{d} 15^{m} de latitude nord, et 64^{d} et demi de longitude, méridien de Londres. Cette île, à-peu-près de l'étendue de Saint-Christophe, se prolonge du nord-est au sud-ouest, sur une très-petite largeur. Son port est sur la côte méridionale. Elle appartient aux Anglais.

Il est dix heures; nous venons d'entrer dans la baie de Drake. C'est un panorama d'îles plus ou moins grandes, dont le coup-d'œil est ravissant, avec le beau ciel du tropique, et une mer dont le bleu foncé fait ressortir admirablement la verdure sauvage des petites îles, et les tapis nuancés des plantations de Tortole.

Je regrette de n'avoir pu donner qu'une petite notice géographique de l'île d'Antigue, située au nord de la Guadeloupe, et à l'est de Saint-Christophe. Cette île, de la grandeur de la Dominique, est plate et bien cultivée. Le port de Saint-Jean, au nord-ouest de l'île, peut contenir un grand nombre de vaisseaux de guerre. C'est à Antigue qu'étaient les arsenaux et magasins de l'état pour tous les objets nécessaires à une escadre. Il paraît que les divers matériaux de construction, de mâtures et munitions navales, etc., qui étaient en dépôt dans les magasins d'Antigue, sont aujourd'hui transportés aux Bermudes; ce qui ferait présumer l'approche d'une guerre avec les Américains. La population des noirs est forte à Antigue, quoique inférieure à celle de la Barbade, où elle s'élève à cent mille.

Saint-Martin est une très-petite île, partagée entre les Hollandais et les Français. Il s'y est fait quelque peu de commerce dans un tems; mais elle est au nombre des îles en souffrance.

SAINT-MARTIN.

Saint-Martin, île d'Amérique, une des Antilles, au nord-ouest de Saint-Barthélemy, et au sud de l'Anguille. Elle a près de vingt-sept lieues de tour; ses baies et ses rades sont commodes. Longitude occidentale, 65d 25m 30s; latitude, 18d 4m 15s.

Les Français et les Hollandais y abordèrent en 1638; mais les Espagnols les en chassèrent, et l'abandonnèrent ensuite en 1648. Ses premiers maîtres l'occupaient à la paix de 1763; mais les Anglais s'en emparèrent le 3 février 1781. Les Français la leur enlevèrent en 1795, et la restituèrent aux Hollandais; les Anglais la prirent le 25 mars 1801. Son tabac est regardé comme le meilleur de toutes ces îles. Elle est surtout estimée pour ses salines; ses lacs abondent en poissons et en tortues. L'arbre *chandelier* en est originaire. Elle produit annuellement dix mille boucauts de sucre et de rum.

Saint-Barthélemy est de même une possession très-insignifiante. Elle appartient aux Suédois; le commerce y languit comme ailleurs. Elle est entre Saint-Martin et Saint-Christophe, nord de celle-ci.

SAINT-BARTHÉLEMY.

Saint-Barthélemy, petite île d'Amérique, une des Antilles, à cinq lieues sud de Saint-Martin. Longitude occidentale, 65ᵈ. Latitude, 17ᵈ 48ᵐ. Elle a près de douze lieues de tour. Les Français s'y établirent en 1648. Elle se rendit aux Anglais le 16 mars 1781, et elle est revenue à la France, qui l'a cédée à la Suède en 1784. Les Anglais l'ont prise en 1801, et rendue à la paix, peu de tems aprés. Les cayes dont elle est environnée ne permettent guère d'en approcher. Ce qu'il y a de meilleur, c'est un port excellent où les vaisseaux de toute grandeur sont à couvert. Le milieu de l'île est montagneux, et il n'y a que peu de terrain propre à la culture. On y trouve pourtant du *lignum vitæ*, et du bois de fer en quantité. Son coton passe pour le meilleur des Indes Occidentales.

L'ANGUILLE.

L'Anguille, île d'Amérique septentrionale, une des Antilles, d'environ quinze lieues de long, sur quatre de large. Longitude occidentale, 65^{d} 25^{m}. Latitude, 18^{d} 15^{m} nord. Cette île est située à trente lieues nord-ouest de Saint-Christophe. Sa forme repliée lui a fait donner le nom qu'elle porte. Elle est toute plate.

Quelques vagabonds anglais s'établirent vers l'an 1650 sur ce rocher poreux et friable. Après bien des travaux, ils parvinrent à cueillir un peu de coton, un peu de millet et quelques patates : on y fait même venir du sucre. Ses habitans sont peu nombreux, et ils élèvent du bétail. C'est parmi eux qu'est élu leur chef; le gouverneur d'Antigue confirme cette élection.

LA BARBOUDE.

La Barboude, île de l'Amérique septentrionale, l'une des Antilles, de dix lieues de long sur six de large, à vingt-trois lieues nord d'Antigue. Longitude occidentale, $64^d\ 15^m$; latitude nord, $17^d\ 49^m$. Elle est entourée de bancs de sable et de roches sous l'eau, qui en rendent l'abord dangereux de tous côtés. La seule côte de l'ouest est praticable. Les Anglais tentèrent de s'y établir en même tems qu'ils s'emparèrent de Nièves et Mont-Serrat. On y compte quinze cents habitans adonnés à l'éducation des bestiaux, et qui approvisionnent les îles voisines par leur commerce. Elle appartient à la famille anglaise de Codrington, et elle produit un peu d'indigo et de tabac, des fruits et d'excellens cocos, du poivre, coton, gingembre, etc. Il y a différentes espèces de couleuvres dont quelques-unes ont un venin très-actif.

Tortole, 19 *juin* 1816.

A onze heures et demie, nous jetons l'ancre dans le port de Tortole, ayant fait plus de cinquante lieues en dix-huit heures.

A midi, le canot allant à terre, je m'y suis rendu, et j'ai frété de compagnie, un bateau pour Saint-Thomas, afin d'éviter le séjour de quarante-huit heures que le packet doit faire à Tortole.

Un négociant de St-Thomas (M. Burghess) passe avec moi sur ce bateau qui viendra nous prendre à quatre heures du matin.

La ville de Tortole est un misérable amas de maisons de bois, bâties au pied d'un morne qui ne laisse aucun intervalle entre le rivage et lui. La chaleur y est excessive; on n'y voit que la race de Cam. Ce n'est pas là où il faudrait chercher de l'agrément, de la société, de l'ombrage et des plaisirs. Triste et sauvage pays! *linquenda tellus!* Tortole donne annuellement deux mille deux cents boucauts de sucre.

Les îles Vierges ont été bien nommées : la plupart sont encore intactes. Peut-être doivent-elles l'éclat de leur nom à cette riche laideur qui les distingue, vues de près, et au manque absolu de charmes quelconques. Il faut une compensation à tout; encore puis-je me tromper...... Les opinions sont tellement variées, que telles personnes pourraient bien penser que c'est un surcroît de malheur!

Jeudi 20 *Juin* 1816; *trajet de Tortole à Saint-Thomas.*

A six heures du matin, j'ai quitté le *Sandwich Packet* pour m'embarquer sur un petit bateau allant à Saint-Thomas. Outre le prix du passage qui a été ici de plus d'une piastre par heure, on doit encore une rétribution au *Steward*, (c'est le chef d'office ou garçon de la chambre sur les vaisseaux.) Les matelots qui m'ont mis à bord du bateau avaient aussi leurs droits. *Cuique suum.*

Un moment avant de partir, on a amené sur le packet, le plus gros requin que j'aye jamais vu. C'était une femelle qui avait plusieurs petits. Elle mesurait onze pieds de longueur, sur trente pouces de large dans la partie la plus forte. La tête était énorme.

Nous filons vent-arrière, le long de la côte sud de Torfole, où l'on voit un assez grand nombre de jolies maisons, la plupart sur le bord de la mer, resserrées aux pieds des mornes qui s'élèvent presque perpendiculairement derrière elles.

Quelques-unes sont sur des hauteurs entièrement dépourvues d'arbres et d'ombrage. L'île présente de toutes parts le même aspect, des mornes ras et pelés, ou recouverts de touffes d'arbustes sauvages.

Il en est de même des autres îles plus ou moins grandes qui forment la baie de Drake, d'où nous ne sommes pas encore sortis.

A huit heures, nous entrons dans le passage entre Saint-Jean et Tortole. Cela me rappelle les Bocas de la Trinidad.

SAINT-JEAN.

Saint-Jean, petite île d'Amérique, une des Antilles, aux Danois. Elle est à cinq lieues, sud-est de l'île Saint-Thomas; à onze lieues, nord-est de Sainte-Croix; et à deux lieues, sud-ouest de Tortole, qui appartient aux Anglais. C'est une des îles Vierges; elle est fort bien cultivée; on y voit de très-belles sucreries.

Longitude, 67^{d} 0^{m}.

Latitude, 18^{d} 25^{m} nord.

L'île Saint-Jean appartient aux Danois; elle est petite, mais bien cultivée, et très-supérieure pour le produit à Tortole. On y voit de jolies habitations et des maisons bâties en pierres, ayant bonne apparence.

Nous nous trouvons dans la partie la plus resserrée du détroit, ou de ce qu'on nomme ici Key (Clé). Il n'y a pas plus de vingt toises de notre bateau à terre, du côté de Saint-Jean.

Nous avons le cap sur Saint-Thomas, qui paraît à cinq ou six lieues dans l'ouest. Le port est situé sur la côte méridionale.

SAINT-THOMAS.

Saint-Thomas, île de l'Amérique septentrionale, la plus occidentale des Vierges, et une des moins considérables des Caraïbes; à dix-neuf lieues, est de Porto-Rico. Longitude occidentale, 67^d 6^m. Latitude nord, 18^d 23^m. Elle fournit annuellement au commerce quatre mille boucauts de sucre, deux mille de rum, et trois cents balles de coton. Elle appartient aux Danois, à qui les Anglais l'avaient prise en 1801. Le port sûr et commode, est franc à toutes les nations; il s'y fait beaucoup d'affaires, en tems de guerre.

Saint-Thomas est un peu plus élevé que Tortole.

Les grands gosiers abondent ici, comme à l'entrée des bouches de la Trinidad; particulièrement autour des îlots rocailleux épars çà et là, dans la baie. Nous avons sous les yeux des chèvres sauvages comme les rochers au haut desquels elles paissent suspendues.

Il y a à Saint-Jean, un très-petit Bourg, ou plutôt quelques maisons ou magasins, pour déposer les produits de l'île et les marchandises qui y arrivent.

Cette prétendue petite ville devant laquelle nous passons, est située dans une petite ance, au nord-ouest de l'île. On n'y compte guère qu'une vingtaine de maisons.

Nous voyons autour de nous, dans toutes les directions, des îles et îlots de toute grandeur, de même nature et de la même apparence que ceux déjà décrits.

Nous venons de traverser, entre deux îlots liés par des récifs, un passage affreux où l'on voit des cayes (rochers blanchâtres), à huit pieds au plus, de profondeur. Quoiqu'il n'y eût pas de danger réel, notre bateau ne tirant que six pieds d'eau; c'est néanmoins un passage déplaisant, quand on porte avec soi tout son avoir. Je me suis aperçu, à certains mouvemens de frayeur, que mon compagnon de voyage était plus riche que moi.

A dix heures et demie nous entrons dans le port de Saint-Thomas. La passe est défendue par trois forts situés à l'entrée; un à droite, sur une élévation; les deux autres à gauche, à trois cents toises d'intervalle; l'un sur la hauteur, l'autre presque au niveau de la mer.

La ville présente un joli aspect, en trois amphithéâtres, sur trois mornets à égale distance l'un de l'autre. A droite de la ville, on aperçoit une petite plaine resserrée, mais très-riante. Il n'y a dans ce moment au port, qu'une quarantaine de bâtimens de toute grandeur. Chaque maison du bord de la mer a son wharf, ou cale particulière, pour la facilité du débarquement; et des leviers en forme de grues, pour enlever les marchandises et les mettre en magasin.

ILE ET PORT SAINT-THOMAS.

A onze heures du matin, je suis descendu à l'hôtel tenu par Mac-Cleverty, femme de couleur, anglaise; on y est à raison de trois gourdes par jour, sans compter les menus accompagnemens.

Vendredi 21 *juin* 1816; *Port et île de Saint-Thomas.*

Nous ne nous sommes trouvés que trois,

hier, à dîner à l'hôtel. On a servi passablement et proprement dans une vaste et belle salle, d'où la vue s'étend sur l'ensemble de la rade, et directement du côté de la passe, de manière à voir entrer et sortir les vaisseaux.

J'étais à table avec deux danois arrivant, l'un de Copenhague, et l'autre d'Amsterdam, mais tout récemment de l'île Sainte-Croix. La conversation a eu lieu en anglais, et nous nous entendions parfaitement.

Ces messieurs me parlaient beaucoup de Sainte-Croix, de la belle culture de l'île, de sa fertilité et de son luxe, et aussi de la difficulté de s'y faire payer des habitans, lorsqu'ils vous doivent; et là, comme presque dans toutes les autres colonies, ils sont endettés par-dessus la tête.

Lorsque le créancier va trouver son débiteur pour lui demander paiement, et qu'il lui annonce qu'en cas de refus il sera dans la dure obligation d'agir suivant la rigueur des lois, ce débiteur se croit insulté : l'usage alors est qu'il attende le créancier au milieu de la rue, *with a horsewhip in his hand,* cravache en main; à son passage, il l'en régale, et réciproquement, si le créancier se trouve armé de son fouet.

Après ce gentil préliminaire, ces messieurs vont se battre! Tel est l'usage à Sainte-Croix!

Les habitans y ont eu plusieurs mauvaises récoltes qui les ont mis en arrière; celle de cette année a suffi pour les dédommager; revenus à flot, ils se livrent à leurs goûts pour les paris, et dissipent leur argent de toutes les manières. Ils ont fréquemment des courses de chevaux. Mais leur passion la plus vive, partagée par les habitans des îles voisines, c'est le *cock fighting*, le combat de coqs.

Il s'y perd des sommes considérables. Les colons de l'île Tortole, de Saint-Jean et d'autres îles voisines s'y rendent aux jours convenus. La guerre est maintenant allumée entre ceux de Sainte-Croix et ceux de Tortole; ces derniers ayant triomphé dans les combats de coqs. Jamais les habitans de Sainte-Croix ne leur pardonneront la profonde humiliation qu'ils en ressentent.

Au reste, on est très-hospitalier à Sainte-

Croix; et pour peu qu'on ait, en y arrivant, une lettre de recommandation, on est accueilli dans la famille, présenté chez les amis, et traité avec toutes sortes d'égards. Il y a beaucoup plus de ressources à Sainte-Croix qu'à Saint-Thomas, entre autres celle d'une comédie anglaise.

J'ai donné ce peu de détails sur une île intéressante que je ne verrai peut-être pas. Je ferai néanmoins en sorte de m'y rendre pour entretenir mon lecteur de ce que j'aurai vu, et suivant ma coutume, dessiner quelques tableaux bien ou mal, d'après nature.

La ville de Saint-Thomas est bâtie en bois, à l'exception des magasins sur le bord de la mer. Ceux-ci ayant été trois fois incendiés depuis un petit nombre d'années, on a pris le parti de les construire à l'épreuve du feu. Ils sont conséquemment en forte maçonnerie, recouverts en briques épaisses, avec la pente nécessaire à l'écoulement des eaux.

Les maisons ont quelque chose de cette apparence de propreté qui distingue celles des villes du nord en Europe. Mais d'après la description que l'on m'avait faite, je m'attendais à trouver une population infiniment plus forte, et beaucoup plus d'activité qu'on n'en voit à Saint-Thomas. Ce n'est pas, relativement à ces deux points, la quatrième partie de Saint-Pierre de la Martinique, qui est véritablement le Paris des petites Antilles ; quoique en toute vérité, ce soit peu de chose.

Il y a ici deux ou trois cafés, dont un français, où j'ai trouvé trois ou quatre paires de flibustiers échappés de la tour de Babel, et barbouillant tous les langages. Deux d'entre eux jouaient à la triomphe, la cigarre à la bouche (suivant les nobles us.)

D'autres regardant jouer, ou pariant, et fumant tout ensemble, présentaient un assez grotesque coup-d'œil. Rassasié de cette vue, et dégoûté par cette abominable fumée de tabac, j'ai promptement battu en retraite, ne trouvant d'ailleurs aucun papier public à lire.

On voit ici des gens de toutes les nations ; et aussi des indépendans de la Côte-Ferme qui viennent s'y réfugier quand les royalistes ont le dessus.

A juger par certaines gravures que j'ai aperçues au café, il m'a été facile de concevoir que l'on ne trouverait pas ici beaucoup de français d'un très-grand dévouement à la cause royale. Exclusivement adonnés au lucre, un œuf pour un bœuf ne serait nullement de leur goût ; le contraire leur plairait infiniment davantage.

Samedi 22 *juin* 1816 ; *île et port Saint-Thomas.*

On ne voit plus aujourd'hui à Saint-Thomas cette activité de commerce pour laquelle il est généralement vanté dans les Antilles. La cause en est due, premièrement à un état de paix contraire aux intérêts de ce pays, et en outre au départ d'un grand nombre d'aventuriers de toutes nations, dont les cerveaux ardens les portent de prédilection, là où règnent le désordre, la licence, les révolutions, et toutes les chances qui en peuvent provenir pour des hommes résolus à n'en perdre aucune, de quelque nature qu'elle puisse être. Aussi a-t-on vu les uns aller à Saint-Domingue pour faire partie de l'expédition des Cayes, destinée à secourir les indépendans de la Côte-Ferme ; d'autres, se rendre directement sur les divers points occupés par ces derniers, pour faire cause commune avec eux. Ce n'est pas ici que Ferdinand compterait beaucoup d'amis. Il y a dans ce moment, peu d'anglais et d'américains à Saint-Thomas.

Ce sera le mois prochain, à dater du 15 juillet, que ces derniers recommenceront à fréquenter ce port, pendant les trois mois où l'hivernage empêche les européens de s'y rendre.

Au reste, les magasins sont remplis de marchandises de tous les pays, et le port est si bon, la manière de gouverner si douce; il y a tant de liberté et de facilités pour entrer, demeurer et partir, que Saint-Thomas fera toujours un commerce avantageux, et se soutiendra plus ou moins florissant, tant que le système colonial ne sera pas amené à sa fin totale.

Le pays n'est point mal-sain; mais il manque

d'eau, et malgré la constance de la brise, la trop grande proximité des montagnes augmente considérablement le degré de chaleur en ville.

Il y a ici une maison de bains fort propre, et bien tenue par une femme de couleur des colonies françaises. Le prix du bain est une demi-gourde.

Celui qui ne saurait parler qu'une langue, serait fort en peine à Saint-Thomas, où l'on parle tous les langages de l'Europe; l'anglais est celui qui me paraît être le plus en usage.

Nous étions hier, cinq à dîner, tous de différentes nations; un danois, un hollandais, un américain, un espagnol et un français; la conversation a eu lieu en anglais. L'américain qui n'est rien moins qu'ultrà-royaliste, me disait avoir vu Grouchy à son arrivée à Baltimore. Je lui en ai fait mon sincère compliment.

Il y a ici une très-grande quantité de juifs: aujourd'hui samedi, il serait difficile de trouver quelque chose à acheter, vu la stricte observation du sabbat.

La garnison n'est composée que d'un très-petit nombre de soldats danois qui font le service dans les divers forts. Le principal est un carré en maçonnerie, flanqué de quatre faux bastions, sur lesquels sont placés quelques canons de fer : il est situé à l'est de la ville, en face de la douane.

L'argent courant est celui de Danemarck et celui d'Espagne ; ce dernier a cours dans toutes les parties du globe. On y voit aussi quelques pièces de France et des guinées. Les portugaises passent d'après le poids. Les doublons valent seize gourdes rondes. C'est la meilleure monnaie.

Dimanche 23 *juin* 1816; *île et port de Saint-Thomas.*

Il y a ici un temple protestant nouvellement construit, et une chapelle catholique.

On voit sur le sommet de deux mornes près de la ville, l'un à l'est, l'autre au nord, de vieilles tours qui datent du seizième siècle. Elles furent bâties par les flibustiers. Celle de l'est, à moitié ruinée, se trouve totalement isolée dans un local désert. Celle du nord fait en quelque sorte partie de la ville ; elle est attenante à une maison assez vaste, très-agréablement située et entourée d'arbres. Le consul américain y fait sa résidence.

Un américain, propriétaire d'une goëlette, est logé dans le même hôtel que moi ; un de ses compatriotes commande son bâtiment. Nous avions conversé long-tems ensemble sur les Etat-Unis, sur Washington, etc ; et à ce sujet, j'avais eu occasion de lui dire, que j'avais fait la guerre de l'indépendance, et combattu pour la liberté de son pays.

Ayant su qu'il était destiné pour Baltimore, et le manque d'occasion pour la Jamaïque ou la Havanne, me décidant à prendre la voie des Etats-Unis, je parlai de mon passage à cet américain, et lui demandai quel serait le prix que j'aurais à payer d'ici à Baltimore. Il en dit un mot au capitaine, qui me demanda soixante-quinze gourdes pour un passage qui n'est guère que de dix jours.

Je lui représentai que c'était beaucoup plus que le prix ordinairement exigé pour ce passage, et en outre, je m'étais flatté que des considérations particulières l'auraient porté à ne pas agir avec moi de turc à maure; là-dessus mon homme me dit ce que je savais déjà parfaitement : Nous autres Américains nous ne connaissons que l'argent; et nous n'avons au monde de considérations que pour l'argent. *Money, sir, is the only thing, we Americans, do know; and we have no consideration whatewer in the world, but for money! — T'is what I plainly see, sir, and what I did know, long ago.* C'est ce que je vois, lui dis-je, et ce que je savais depuis long-tems.

Le genre charlatan est adopté dans toutes les tavernes anglaises. *Le comfort*, les choses commodes sont négligées, et sacrifiées à une apparence qui sert de prétexte aux prix extravagans que l'on vous demande.

Dans chaque taverne deux salles boisées occupent toute la longueur de la maison : seulement huit pieds de chaque côté, sont réservés pour les chambres, où l'on ne trouve ni secrétaire, ni commode, ni chaises, ni place pour mettre ses effets. On n'a ni rideaux, ni jalousies aux fenêtres; si vous ouvrez, la brise enlève tout et devient incommode; si vous fermez les contre-vents (on ne connaît pas les vitres) vous n'y voyez goutte. A table, chaque mets est recouvert d'une montagne de tôle : *Parturient montes, nascetur ridiculus mus!* La montagne en travail enfante..... une souris! Cela me rappelle quelques dîners que j'ai faits à Londres, à *London-tavern*, où des laquais porteurs de semblable appareil, ouvraient les deux battans de la porte du salon, et venaient gravement à la file, déposer toute cette enflure mensongère, mais à la fin de la comédie, il fallait payer : — *Only a guinea for the dinner.* — Une guinée pour le dîner.

Lundi 24 *juin* 1816; *île et port de Saint-Thomas.*

On ne trouve ici nulle part les gazettes d'Europe. Il m'est cependant tombé entre les mains, ces jours passés, à Saint-Christophe, un papier anglais, du 25 avril, où j'ai vu que le plus clément des souverains a daigné faire grâce à un homme dont le nom se lie si douloureusement à celui du héros de la Vendée.

Mânes de Charrette : vous applaudirez à cette insigne miséricorde; si tant est que les ombres fortunées prennent encore quelque intérêt aux évènemens de cette chétive vallée de larmes.

Et vous, la Trémouille, dont le nom glorieux va se perdre dans les ténèbres des premiers âges! Vous, La Roche-Jacquelin, et autres chevaliers sans peur et sans reproches, loyaux chefs et compagnons des Vendéens; soit que vos ossemens révérés enrichissent et honorent le sol sacré de votre patrie à jamais célèbre, soit que vos bras, toujours armés pour le diadème des Rois, n'attendent que le signal des combats; le sang d'un ennemi désarmé n'excita jamais votre soif.

Royalistes nantais, dont les cœurs furent glacés de douleur, en voyant fusiller dans vos murs, celui qui brilla d'un si grand éclat; celui qu'on dut se faire livrer à prix d'or, ayant perdu tout espoir de le vaincre, les armes à la main : quelle amertume sera la vôtre, en vous rappellant l'horrible jour de deuil, où votre chef, illustre victime, donnait par flots, ce noble sang promis au champ d'honneur et à la sainte cause des potentats! Le public demeura consterné, l'homme d'armes eut honte de voir succomber l'honneur et la vertu!

Que les destins suivent leurs cours! mon cœur est soulagé. Puisse le trop faible tribut que j'acquitte en ce moment, trouver un lecteur qui le partage, et dont les sentimens s'identifient avec les miens! il m'aimera, sans me connaître, comme je l'estime en pressentant sa loyauté, sa noblesse d'âme, et l'élévation de ses idées anti-plébéiennes.

Modeste Sapineau, sentinelle royale, en vigie depuis cinq lustres! vous qui m'honorez de votre amitié; vous, dont j'ai connu le toit hospitalier, les vertus chevaleresques, et la noble simplicité : vous que je vis, comme Cincinnatus, occupé de travaux champêtres; glorieusement réservé à recevoir l'ambassade des guerriers, jaloux de servir sous vos ordres! humain, autant que brave et généreux, vous admirerez davantage votre Roi, et vous reconnaîtrez combien les vertus du Monarque l'emportent sur les plus hautes vertus!

La police envers les noirs n'est pas faite ici comme il serait à désirer.

Hier, un nègre tua un mistif, et s'enfuit; on ne put arrêter qu'un autre noir, pour lequel l'assassin avait pris fait et cause. On le mena au fort, suivi d'une masse de gens de couleur qu'on laisse ainsi, à tout propos, s'assembler à l'improviste, en nombre immense, et pour le moindre évènement.

Le soir, à une heure indue, il y eut une autre arrestation, suivie d'un tumulte semblable à celui du matin. D'après la disposition générale des gens de couleur aux colonies, pareil vacarme survenant la nuit, a quelque chose de sinistre et d'effrayant. Il serait prudent et facile de prévenir ces désordres; mais l'esprit de vertige paraît avoir tourné les têtes des européens et des colons, livrés sans défense, et comme volontairement, à cette race dont ils encouragent les prétentions, et dont ils n'ont réchauffé, contre leur cœur, les plus marquans, que pour être atteints avec plus de facilité, du fer imprudemment confié à leurs mains parricides!

Mardi 25 *juin* 1816; *île et port de Saint-Thomas.*

Les Français, qui sont ici en grand nombre et, je crois, la presque totalité des autres étrangers, sont partisans de l'usurpateur; en ce sens que, sous Buonaparte, en dépit de l'indigne asservissement sous lequel il faisait gémir la France, la révolution marchait; ses principes généraux étaient en vigueur. L'ancienne noblesse, non-seulement ne dominait plus, mais elle tombait dans l'indigence, la nullité, la déconsidération. Le clergé, dépouillé de ses propriétés, avait perdu toute son influence. Les plus hauts rangs étaient ouverts aux hommes de basse extraction; une guerre sans fin, la licence et le désordre qu'elle entraîne à sa suite, flattaient l'âme cupide et l'esprit immoral d'une classe nombreuse d'individus agités de passions dangereuses, et, dans l'indulgente poursuite de leurs intérêts personnels, foulant aux pieds les principes conservateurs de la religion, du bon ordre et des vertus sociales ! Les Français qui sont ici ne soupçonnent même pas qu'on puisse avoir une manière de penser différente de la leur.

Je faisais hier, quelques emplettes chez un marchand qui avait à se plaindre de l'ancien commandant de Santo-Domingo, qui, disait-il, l'avait complétement ruiné, en lui faisant perdre quarante mille gourdes, saisiès en valeur quelconque, sur des dénonciations à tout hasard. Ce même homme avait sur sa table une tabatière à l'effigie de Buonaparte, et comme il s'aperçut que j'y avais fait attention : Voilà qui se vend bien, me dit le marchand; j'en ai acheté une pacotille à l'encan : il ne me reste que celle-ci. Je les ai payées huit gourdes la douzaine, et je les ai vendues douze gourdes. Il y en avait d'un genre différent (le marchand s'exprimait avec toute la liberté qui règne dans un port franc); je n'y ai mis que deux gourdes à la douzaine. Un autre a voulu les pousser à trois gourdes ; il n'a pu parvenir à se défaire d'une seule !

S'il se trouve à Saint-Thomas tant d'individus portés en faveur de Buonaparte, de quelque nation qu'ils soient, la cause n'est pas difficile à découvrir. Ils sont ici pour faire fortune ; et comme ils ne peuvent jamais y atteindre mieux, ni plus promptement que par la guerre, celle qui ne présenterait point de terme serait le seul moyen d'étancher leur ardente soif de l'or. Buonaparte était l'homme avec lequel ils pouvaient en toute sûreté, compter sur cet inestimable avantage : Buonaparte est leur idole ! Qu'ils aient une chance de faire de l'or, ils vont sourire délicieusement à tous les fléaux, à l'incendie, aux meurtres, aux récits des bulletins, aux vexations, aux réquisitions, aux armées de veuves et d'orphelins, au désespoir des pères et des mères, aux terroristes, aux jeunes gens attachés avec des cordes, aux dénonciateurs, aux fonctionnaires étrangers à toute connaissance du droit des gens, à l'inépuisable liste des prévaricateurs stipendiés, honte de la nature et de l'espèce humaine, etc. !!!

Mercredi 26 juin 1816; île et port de Saint-Thomas.

On s'occupe ici de la milice comme dans toutes les autres îles. Le sentiment du danger triomphe de tous les obstacles, et l'avide marchand dit aujourd'hui avec Horace :

Militia est potior !

Les blancs sont formés en compagnies, et portent l'uniforme sous les armes.

Le capitaine d'une de ces compagnies se rendit ces jours passés, au lieu du rassemblement, vêtu en bourgeois, la cravache à la main. Dans ce costume, il voulut commander la compagnie; le lieutenant Seymour s'y opposa vivement, et lui dit qu'il était inconvenant qu'il prétendît commander, le fouet à la main, au lieu d'être en militaire, comme l'ordonnance l'exige, et que ni lui, ni ses soldats ne connaîtraient ses ordres, s'il ne se présentait en règle, conformément aux lois du service.

Un duel a suivi cette altercation. Le capitaine et le lieutenant, tous deux anglais, établis depuis vingt ans dans cette île, sont partis, accompagnés de leurs propres parens pour témoins, et se sont rendus à la petite île de Buck, appartenant aux Anglais. Le combat eut lieu hier, au pistolet, vers sept ou huit heures du matin.

Le capitaine Egin a blessé mortellement le lieutenant Seymour, qui a été embarqué et transporté à Saint-Jean, où il a succombé peu de momens après son arrivée.

L'on ne donnera ici aucune suite à cette affaire, ces messieurs s'étant battus sur terrain anglais, où la police danoise n'a rien à voir.

Cette même police est extrêmement mal faite à Saint-Thomas. Deux ou trois fois par jour, et même de nuit, pour le moindre évènement, toute la huaille noire est en masse dans les rues, vociférant, et dans une agitation qui doit produire de l'effroi, quand on songe à l'état des choses dans les Antilles, à la disposition des hommes de couleur, et à la surabondance de leur nombre, comparé à celui des blancs.

Ce pays ayant été dix ans sous la domination anglaise, les noirs et gens de couleur y sont totalement gâtés. Les femmes de cette classe paraissent en public dans le costume des femmes blanches. Les nègres sont habillés en *gentlemen*, et se décident très-difficilement à céder le pavé aux blancs. Une subversion totale s'annonce pour un terme beaucoup trop prochain.

Je me trouvai hier en société avec un habitant de la petite île de Virgin-Gorda, une des premières que l'on aperçoit à main droite, avant d'entrer dans la baie de Drake, pour se rendre de Saint-Christophe à Tortole.

Cette île est habitée par dix-huit familles qui y vivent en paix, étrangères au tumulte des villes, et dans l'heureuse simplicité de la vie patriarchale.

On n'y cultive que le coton. Cette culture n'exige qu'un petit nombre de bras : la quantité des esclaves dans chaque habitation, s'élève, suivant l'étendue du terrain, de quinze à trente individus. C'est une dépendance de Tortole, où les habitans vont faire leurs provisions.

Exempts de milice, ils vivent en paix, dans une sécurité profonde et sur la foi des traités! *O ter quaterque beati!!*

Jeudi 27 *juin* 1816; *île et port de Saint-Thomas.*

Ne connaissant ici personne, ma société est bornée à cette variété d'étrangers qui y affluent de toutes parts. Depuis que je suis à Saint-Thomas, il ne s'est pas passé un seul jour qu'il n'y soit entré un navire américain. Ce sont, en général, des *schooners* (goëlettes), du port d'environ cinq à six cents barils de farine : c'est ce dont ils sont généralement chargés, quoiqu'ils aient encore deux articles d'un débit assuré, les essentes pour la toiture, le merrain et la morue. Ils prennent en retour, du sucre brut et des sirops, dont la consommation est si prodigieuse aux États-Unis, que s'il en arrivait un convoi par semaine, je crois qu'il n'en resterait pas un boucaut non vendu au bout de l'année.

La société en ville, est composée de quelques femmes d'employés et de celles des négocians :

il s'y mêle quelques individus voyageurs, recommandés dans l'une ou l'autre de ces maisons, et qui, pendant cinq ou six jours qu'ils ont à rester dans le port, vont tristement passer la soirée à l'anglaise, ou prendre le thé. La sphère des plaisirs, comme dans toutes les autres colonies, est circonscrite à l'excès. Autant vaut-il dire qu'ils n'existent point, et que, d'une part, l'avidité commerciale, d'autre part, une habitude de végétation indolente, ne permettent même pas de penser qu'on en est privé.

Quant à moi, reduit à me promener à la belle heure de la soirée, si je vois du monde dans une maison, quoique mon cœur soit plein de désirs, je passe sans regrets; premièrement, parce que ce sont des étrangers; en second lieu, parce que l'homme, quelque bien élevé qu'il soit, s'il n'est lui-même dans le commerce, ne trouvera jamais dans les négocians cet abandon, ces manières franches et cette affabilité qui distinguent si éminemment les classes supérieures de la société.

Diverses causes contribuent encore à diminuer mes regrets : sans fortune, il faut savoir renoncer au monde; et pour peu que l'on possède au plus léger degré, l'élévation d'idées qui donne à un homme bien né le sentiment de sa propre dignité, cette retraite est un devoir dont l'oubli exposerait aux dédains que chacun prodigue dans le monde, en mesure inverse de ses titres, à la considération publique.

En outre, il est un âge où la société perd une grande partie de ses charmes : la santé n'est plus la même; la gaîté, la disposition d'esprit s'en ressentent; tout l'avantage est pour la jeunesse. L'idée renaissante que bientôt il faut finir, assombrit, porte à la méditation, et fait perdre au visage le trait gracieux du sourire qui engendre un sourire plus doux encore!

Je passe donc sans regrets, puisque tous regrets seraient inutiles! Soumis à une impulsion végétale, j'obéis à l'aiman du rivage solitaire; enivré par le bruit de la vague, je la regarde se dérouler sur la plage, en opposant un mur d'airain à tous les souvenirs, à toutes les affections douces qui se lèvent en masse pour m'assaillir; et mon âme, retrempée par des lustres acerbes, envisage d'un front serein la vieillesse et les maux, l'isolement et la mort!!

Vendredi 28 *juin* 1816 ; *île et port de Saint-Thomas.*

Heureux celui qui, possesseur de quelques deniers et d'un esprit apte au négoce, se dédommage de l'ennui des mers et des dépenses de son séjour au port, par d'heureuses spéculations qui l'entretiennent dans une activité salutaire, et nourrissent en lui le doux espoir d'arriver à la fortune, dans un âge qui laisse encore la pleine faculté de jouir de ses faveurs!

La pensée une fois aguerrie contre les inconvéniens de la mer, tout ce qu'elle entraîne de désagrémens se surmonte avec facilité. Les compensations s'établissent; le dégoût de la vie des cités fait place à de vives jouissances, lorsque, après un trajet long et pénible, où l'eau même nous a manqué, nous jouissons dans le port des douceurs d'un repos parfait, du piquant de la nouveauté, du charme qui s'attache à notre élément, et de toutes les superfluités du luxe. C'est peu pour l'avide marchand! sa passion dominante est la soif de l'or.

Mox reficit rates
Quassas, indocilis pauperiem pati.

Impatient d'atteindre la fortune, il répare en hâte son vaisseau. En vain les dieux avaient creusé les vastes mers qui séparent la Tamise des bouches du Gange; en vain Neptune, assis sur le cap des tourmentes, agitait au loin les durs parages qui l'avoisinent; en vain le Nouveau-Monde isolait ses rivages et ses antiques ossemens par-delà toute atteinte présumable!

Horrida callidi
Vincunt æquora navitæ.

HORAT. *od.* 18, *lib.* 2.

L'homme s'est emparé du trident; le Gange étonné reçoit les flottes de l'Europe; et l'Amérique, trop près pour l'audacieux Colomb, ouvre ses ports, son sein vierge et ses montagnes d'or, dans la presque totalité de l'intervalle d'un pôle à l'autre!

Nequicquàm Deus abscidit
Prudens Oceano dissociabili
Terras, si tamen impiæ
Non tangenda rates transiliunt vada.

HORAT. *od.* 3, *lib.* 1.

Samedi 29 juin 1816 ; île et port de Saint-Thomas.

L'hivernage s'approche, les grains deviennent fréquens, et les ras-de-marée qui se suivent de près avertissent le navigateur de suspendre sa course ou de redoubler de vigilance, puisqu'il n'est pas en lui de s'oublier dans la mollesse et les délices du port, et de renoncer aux chances périlleuses de l'océan.

Malgré la franchise vantée du port de Saint-Thomas, l'usage s'y est introduit, comme dans plusieurs autres îles, d'imposer le voyageur, et d'exiger de lui quatre gourdes pour le permis de s'embarquer, ne fût-ce que pour aller à Sainte-Croix, où l'on se rend en quatre heures. Ces Messieurs sont dans le bon principe qu'il ne faut point négliger les petits profits, et que le prêtre doit vivre de l'autel.

On peut se consoler de quitter Saint-Thomas : la huaille noire y pullule d'une manière effrayante ; on en voit continuellement des essaims dans les rues, et les gens de couleur y sont volontiers insolens. On y vit mal, à très-grand prix ; la misère s'y fait sentir, avec la rareté de l'argent, quoiqu'il y ait eu beaucoup de numéraire dans un tems. Cette heureuse époque était celle de la guerre ; les vaisseaux et les corsaires des nations belligérantes avaient coutume de mener ici leurs prises respectives, pour y être vendues.

L'insurrection qui désole la Terre-Ferme n'avait point encore éclaté ; de toutes parts, les espagnols se rendaient ici avec des doublons, pour acheter des marchandises. La Guadeloupe a aussi contribué à diminuer le numéraire de Saint-Thomas, en y envoyant ses sucres, que l'on payait en or.

Non seulement les Espagnols ne viennent plus acheter à Saint-Thomas, mais les spéculateurs qui envoyent chez eux des farines ou autres marchandises quelconques, ne peuvent en exporter des piastres, et sont tenus d'en prendre la valeur en productions du pays, telles que café, indigo, cochenille, cacao, peaux de bœuf, quinquina, etc. etc.

Il y a cependant ici un grand nombre de

familles espagnoles réfugiées, composées des deux partis, royalistes et indépendans. Ils sont protégés par les lois du pays; mais à leur arrivée, on les prévient d'oublier leurs querelles et de se tenir tranquilles. Suivant que les chances de la guerre varient, et que les fluctuations se font sentir, ils repartent empressés; leurs bras fatigués du loisir vont se baigner de nouveau dans le sang de leurs frères, et joncher le rivage des mers de leurs ossemens, l'effroi du navigateur!

On reproche aux Américains de Baltimore d'attiser les feux de cette horrible guerre, et de quitter leur pays sur des vaisseaux en apparence destinés à des opérations commerciales; mais secrètement préparés pour la course en faveur des indépendans, chez lesquels ils vont chercher des commissions à cet effet!

Dimanche 30 *juin* 1816; *île et port de Saint-Thomas.*

J'aurais dû partir aujourd'hui pour Sainte-Croix, mais on ne fait pas toujours ce qu'on veut; le tems est devenu si mauvais, que mes regrets en seront diminués, pourvu que je ne tarde point à m'embarquer.

Les étrangers n'ont aucune ressource à Saint-Thomas; de plus, on y est fort mal, même au premier hôtel, tenu par Mac-Cleverty. Un matelas de deux pouces et demi d'épaisseur, posé sur des traverses de bois, sert de lit aux voyageurs. Lorsqu'il pleut, on est contraint d'abandonner le gîte pour éviter d'être inondé dans sa chambre.

Le grand avantage de Saint-Thomas, outre la franchise et la commodité de son port, c'est le voisinage de Porto-Rico.

Cette île eût été la plus belle, la plus fertile et la plus riche des Antilles, si elle avait appartenu à un peuple actif et industrieux.

Malgré la paresse et l'insouciance des Espagnols, elle tient encore un rang distingué par la salubrité de sa température, par son extrême fertilité, par l'abondance de ses bois précieux, par des exportations annuellement croissantes avec le nombre des étrangers qui viennent s'y établir, et enfin par l'avantage d'un excellent port et d'une ville populeuse, plusieurs fois attaquée sans succès par les forces britanniques.

On s'y rend en douze heures, de Saint-Thomas; cette importante proximité procure des vivres de toute espèce en abondance, des moyens de culture, tels que bœufs et mulets, et des denrées coloniales dont le spéculateur sait faire son profit.

Il arrive ici de Porto-Rico, du riz, du maïs, des fruits, des bœufs, des mules et des bois durs, les plus beaux qu'on puisse voir. La nature n'avait donné à Saint-Thomas que son port; déclaré franc, sous la protection d'un Gouvernement doux, et heureusement avoisiné, il devint le plus riche entrepôt des Colonies européennes dans les Antilles.

Sa destinée est de briller avec plus d'éclat en tems de guerre, quand la plupart des autres îles sont condamnées à la stagnation, à la misère et à tous les fléaux qu'entraînent des hostilités prolongées.

La ville de Saint-Thomas, deux ou trois fois incendiée depuis quinze ans, a vu naître de ses cendres de magnifiques magasins à l'épreuve du feu. Mais on n'y est point à l'abri des tremblemens de terre : le pauvre en sa maison de bois, sans étage, se console par l'idée qu'il court moins de dangers ; il ferme doucement sa paupière, sans crainte des volcans, alors que Crésus, dans sa dure insomnie, croit entendre leur tonnerre souterrain!

Lundi 1er *juillet* 1816; *île et port de Saint-Thomas* (*Antilles.*)

J'ai encore manqué ce matin, l'occasion d'un schooner allant à Sainte-Croix. Le tems s'était remis au beau ; il m'a été impossible de rompre la chaîne qui me retient au rivage....

En attendant, je suis ici fort chèrement ; et déjà mes bijoux ont pris la volée :

Adversis ætatem ducimus austris,
Decisis humilem pennis.

HORAT.

Avidiénus a le cœur plus dur que le diamant placé entre ses mains usurières. Les objets en or, fermés sous triple clé dans son coffre de fer, auront, par son regard seul, perdu vingt-cinq pour cent.

> Dives positis in fœnore nummis,
> Quinas hic capiti mercedes exsecat atque
> Quantò perditior quisque est, tantò acriùs urget.
>
> HORAT. *sat.* 2, *lib.* 1.

L'on a appris aujourd'hui la nomination d'un Gouverneur pour les îles danoises de Sainte-Croix, Saint-Thomas et Saint-Jean. Ces deux dernières sont de la dépendance de Sainte-Croix, où le siége du gouvernement est établi. Les troupes ont pris les armes; le soldat coëffé du chapeau rond. La batterie du fort a fait feu, et les vaisseaux ont été pavoisés.

Outre ce fort, situé à l'est de la ville, sur une petite élévation, près le bord de la mer, et les trois autres dont j'ai déjà parlé, placés à l'entrée du port, il y en a un cinquième sur le sommet des mornes de l'ouest. On voit sur la crête de l'un d'eux, des casernes que les Anglais ont fait construire pendant qu'ils étaient maîtres de l'île.

J'aperçois de mon hôtel, ce qui doit paraître

extraordinaire dans le Nouveau-Monde : des ruines d'édifices qui datent du commencement du seizième siècle. L'un d'eux surtout, situé au levant, présente des débris à l'instar des monumens antiques en Europe. Il semble que ce soit tout récemment que l'intrépide Colomb ait découvert l'Amérique ; et déjà les tours orgueilleuses élevées par ses successeurs, voyent leurs ossemens de granit frappés de la faux du tems, perforés par les eaux du ciel, dégradés et humiliés par la foudre et les ouragans !

Qu'est-ce donc que le misérable intervalle accordé pour la vie de l'homme ?... Un point dans l'immensité !

> Vitæ summa brevis,
> Spem nos vetat inchoare longam.
>
> HORAT.

Mardi 2 juillet 1816; *île et port de Saint-Thomas.*

Je montai hier, vers le coucher du soleil, sur le morne où est située la tour du nord qui fait partie d'une petite habitation ci-devant occupée par le consul américain. Les quartiers de la ville que je dus traverser pour m'y rendre, ont quelque chose de révoltant : ce sont pour la plupart de vilaines cases de bois, de très-petite dimension, dressées çà et là, à tout hasard, sur un terrain rocailleux et inégal, formant un labyrinthe dégoûtant, et presque exclusivement habité par des gens de couleur. Il semble que nulle police n'ait présidé à l'érection de ces masures; leur désordre est en harmonie avec les mœurs de la gent populacière dont elle est le digne abri.

De là, j'arrivai au plateau de l'habitation où est cette tour, dont je m'approchai avec curiosité.

Des dames ayant paru dans l'enclos, avec un gentleman, je les saluai, et nous entrâmes en conversation.

L'on envoya chercher les clefs de la tour où nous entrâmes. Sa hauteur est d'environ trente-cinq pieds. Il y avait autrefois trois étages, dont il ne reste que les traverses d'appui. Elle est crénelée à chaque étage, et bâtie en pierre dure. Ses murs ont cinq pieds d'épaisseur. La porte par laquelle nous entrâmes, a été pratiquée depuis peu ; il n'y en avait point dans l'origine.

Les pirates qui s'y réfugiaient, y montaient par des échelles. A cette occasion, je me rappelai ce couvent du désert d'Arabie, d'où les moines ne sortent point, et où la crainte d'être pillés par les Bédouins les oblige à n'avoir aucune ouverture autour de leur demeure. Les vivres qu'on y conduit, sont mis dans des paniers que l'on hisse du haut des murs.

Le fameux pirate anglais qui bâtit cette tour, fut pendu, dit-on, en 1649. Ainsi cet édifice a près de deux siècles d'existence; et c'est sans contredit, un des plus anciens monumens des Européens dans les Antilles. Il fallut le travail de plusieurs maçons pendant plusieurs semaines pour percer le mur, et y pratiquer l'ouverture qui s'y voit à présent.

On jouit sur cette hauteur, embellie de quelque verdure, de toute la fraîcheur de la brise de l'est; la vue y est aussi étendue que variée. On domine sur la ville comme si l'on était en ballon ; un échappé, entre deux montagnes, laisse apercevoir un charmant bassin, décoré de plusieurs sucreries.

Du côté de la mer, l'aspect plus imposant offre une multitude de navires en rade, et d'autres sous voile dans le lointain, par delà des groupes d'îles et d'îlots en forme de môles, placés à très-petite distance les uns des autres, à l'ouest de la passe, comme à dessein, pour former un port, et le mettre à l'abri des ouragans.

Après avoir joui de ces divers points de vue, la nuit approchant, j'ai ramené en ville les dames que j'avais rencontrées ; l'une veuve, l'autre, à demi ; toutes deux créoles de Saint-Eustache ; dans cette heureuse maturité qui, en ouvrant les yeux sur la briéveté de la vie, nous fait mieux apprécier les circonstances, et nous dispose merveilleusement á en tirer avantage.

Jeudi 4 juillet 1816 ; *île et port de Saint-Thomas.*

Aujourd'hui 4 juillet, anniversaire de l'indépendance des États-Unis, les Américains qui se trouvent ici, célèbrent la fête par un grand repas chez Mac-Cleverty. Les bâtimens en rade sont pavoisés. On m'a offert de prendre part à la souscription, mais comme j'ai très-peu de plaisir à entendre chanter de l'anglais, et moins encore à faire des séances de six heures à table, j'ai remercié très-poliment. Quoique j'aie combattu avec Washington, il y a trente-cinq ans, je n'achèterai point aujourd'hui l'agrément de boire avec ses compatriotes pour m'exposer à tomber malade.

Le hasard amène des choses bizarres : je déjeûnai hier, à mon hôtel, avec un anglais qui partit de Paris, le même jour que moi, l'année dernière (le 20 mars), à l'arrivée de Buonaparte ! Nous nous trouvâmes ensemble ce même jour, exposés à être arrêtés lors de l'insurrection de Saint-Denis, dirigée contre S. A. R. le duc de Berri ; et nous voici à dix-huit cents lieues de Paris, dans une petite île où le hasard nous conduit par des voies différentes, et nous rassemble sous le même toit ! Cet anglais ayant des propriétés à

Tortole, s'y est rendu de Londres, pour ses intérêts; de Tortole, il est venu à Saint-Thomas; et moi, je m'y trouve après vingt trajets de mer depuis un an; errant de rivage en rivage, assailli par des tempêtes de différente nature, navigant durement au milieu des écueils, et sans cesse entre Carybde et Scylla!

Dans ma promenade d'hier soir, je visitai la baie située à l'ouest de la ville. Cette baie n'est séparée du port de Saint-Thomas que par une langue de terre qui va presque se rejoindre avec les îlots de l'ouest qui forment ce port, d'un côté, et d'autre part, la baie ci-dessus; le tout ensemble ayant la forme d'un marteau.

Je me rappelai à l'instant, le port de la première Alexandrie d'Egypte, et l'île de Pharos si célèbre dans l'antiquité, et cette langue de terre, ouvrage des anciens, pour la joindre au continent, en y formant une double rade semblable à celle que je viens de décrire. Je m'abusai un instant par cette douce illusion! Transporté sur les rives du Nil, je croyais voir les aiguilles de Cléopâtre, la colonne vulgairement appelée de Pompée, ces quais admirables, ces vastes aquéducs, ces bains voluptueux, ces rues spacieuses, ornées de péristiles, et enfin, cette bibliothèque, objet de nos éternels regrets, dont la perte irréparable imposa sur le globe deshérédé l'épouvantable poids de plusieurs siècles de ténèbres, après l'incendie qu'ordonna le barbare Omar!

Revenu de mon illusion, mais conservant, à raison de ces dernières idées, et aussi par les circonstances de ma situation, une teinte de mélancolie, que le bruit du rivage et l'aspect des lieux déserts augmentait encore, je m'acheminai vers la ville par un tems doux et un clair de lune portant aux rêveries, en même tems qu'il me permettait de voir, au lieu d'égyptiens, une procession d'esclaves achevant les travaux du jour par le transport des herbes de Guinée en ville.

Lundi 8 juillet 1816; île et port de Saint-Thomas.

Un an s'est écoulé depuis que je commençai ce journal, en m'embarquant à Bordeaux le 9 juillet dernier. Dans cet espace de tems, j'ai compté plus de demeures que le soleil n'en habite dans l'année. Plusieurs fois ma vie a été fortement en danger, pendant le cours de mes pérégrinations transatlantiques; et je suis encore avec la petite malle anglaise que j'avais à mon départ de France, plus un petit coffre où sont des livres, des papiers et quelques objets de curiosité. Armé de quelques fonds, à ma sortie de France, avec l'intelligence la plus ordinaire, j'aurais pu rétablir ma fortune, en bravant la mer et les climats redoutés, même avec une activité moindre que celle dont j'ai fait preuve. Mais j'étais totalement dépourvu ; le bien de mes pères ne me fut point restitué : c'en est fait; de tout espoir de compensations en dépit de mon dévouement à la cause royale pendant près de quarante années de services, d'exil, et dépouvantables calamités!

Me voilà donc encore au même point, frustré de cette restitution si longuement attendue, et que nous crûmes un instant prête à s'effectuer.

Les destins, de leur bouche de fer, ont prononcé l'irrévocable arrêt! Que la volonté de Dieu soit faite! j'abandonne le champ de la politique, où l'homme probe et généreux, l'homme suivant l'honneur, est impitoyablement sacrifié, soit d'une manière soit de l'autre; et sans cesse froissé par cette foule de présomptueux lancés dans le monde avec l'idée unique d'atteindre la fortune à tout prix..... *Sic itur ad astra!*

L'hivernage se fait sentir; les arrivages diminuent. Bientôt les navires qui sont ici chercheront un port plus à l'abri des tempêtes et des ouragans. La navigation ne consistera durant trois mois, que dans l'allée et la venue de bateaux et de goëlettes allant d'ici à Porto-Rico, et de là, revenant ici pour l'approvisionnement de l'île; il n'est point rare que, même dans ces trajets de quelques heures, il ne périsse de ces petits bâtimens. Les Américains seuls viennent à Saint-Thomas durant l'hivernage.

Déjà les vents menacent de leur colère, et préludent au soulèvement des vagues. Le ciel perd cette sérénité habituelle qui le distingue si éminemment sous les tropiques. Les nuages rassemblés de toutes parts, déversent des torrens d'eau sur nos têtes. Quelquefois on se croirait en Europe, à l'époque de la saison rigoureuse; mais le soleil reprenant sa force, ne tarde point à briller d'un nouvel éclat, et l'on en jouit d'avantage quand on a vu, quelques momens auparavant, l'athmosphère en désordre, les vents déchaînés, le jour obscurci, les terres inondées, la nature en souffrance et dans la crise des bouleversemens.

Jeudi 11 *juillet* 1816; (*à la mer.*) *Trajet de Saint-Thomas à Sainte-Croix.*

A sept heures du matin, monté à bord du *Schooner Anna*, capitaine Block, allant à Sainte-Croix. Tems incertain, vent d'est. A huit heures, à la voile. Le commandant de Saint-Thomas, M. Holten, est au nombre des passagers, avec deux dames danoises, jeunes et jolies; de cette blancheur du nord qui étonne autant qu'elle charme sous le tropique. Les vents s'étant portés au sud-est, sont devenus contraires. Nous avons eu une mer excessivement dure, et un passage de neuf heures, au lieu de cinq ou six qu'il dure ordinairement; la distance n'étant que de trente-six milles anglais. J'ai eu pour compagnons de voyage, le mal de dents, le mal de mer, mille fois pire, (si cela peut-être) la vague qui m'inondait par momens, et l'esprit peu serein, vu ma situation, que je n'améliorerais pas en la confiant au papier.

Vers trois heures et demie, nous découvrions Sainte-Croix; à cinq heures, on pouvait juger le terrain.

SAINTE-CROIX.

Sainte-Croix, île d'Amérique, une des Antilles, d'environ dix lieues de long, sur trois de largeur; à onze lieues de l'île de Saint-Jean; douze lieues sud de Saint-Thomas; vingt-cinq sud-est de Porto-Rico. Longitude occidentale, 66d 52m, 67d 20m. Latitude nord, 17d 45m.

En 1733, la France la vendit, pour deux cents soixante mille livres sterling, au Danemarck, qui y construisit bientôt le bourg et la forteresse de Christianstadt. Les Anglais s'en emparèrent sans coup férir, le 31 mars 1801. Ils l'ont rendue aux Danois en 1814.

On compte à Sainte-Croix environ trois cents cinquante plantations, et vingt mille nègres esclaves. Elle a produit, en 1800, trente-six mille boucauts de sucre, du poids de 1300 livres chacun; dix mille bariques de rum, et trois mille balles de coton, du poids de trois cents livres chacune. Le sucre que l'on y fabrique est de première qualité.

Cette île est très-sujette aux sécheresses. Le gouverneur des îles danoises de Sainte-Croix, Saint-Jean, et Saint-Thomas, fait sa résidence à Christianstadt.

L'île n'est rien moins que plate, quoique l'on émete fréquemment l'opinion contraire. Elle a des hauteurs assez considérables sur toute son étendue, de l'est à l'ouest, comprenant environ vingt et un milles de long, sur six dans sa plus grande largeur.

La ville de Christianstadt, située à la côte nord de l'île, est bâtie en amphithéâtre, à droite de l'entrée du port. Une batterie est à gauche, et le fort principal se trouve en face, construit en maçonnerie. On a tiré quelques coups de canon pour saluer le commandant de Saint-Thomas, à son débarquement.

On ne voit dans la rade ni bateaux ni goëlettes; mais il s'y trouve un certain nombre de gros navires qui viennent y charger des sucres, destinés presque en totalité, pour Copenhague.

Christianstadt est moins étendu que la ville de Saint-Thomas; mais beaucoup mieux bâti. Les rues, tracées à angles droits, sont spacieuses et bien pavées; les auberges chères et mauvaises, au-delà de la permission.

Le terrain qui avoisine la ville à l'est, n'est cultivé qu'en vivres, parce qu'il est montueux. Un peu plus loin, du même côté, l'on voit des habitations de bonne apparence, mais la partie de la côte qui s'étend vers l'ouest, à l'air plus riche, plus habitée, plus fertile : la plaine a plus d'étendue et de largeur.

A peine suis-je entré en ville, que j'ai été témoin du luxe vanté des habitans de Sainte-Croix, relativement aux chevaux et aux équipages. J'ai vu des dames élégamment vêtues, se promenant en calèches attelées de quatre chevaux, suivies de grooms et de jockeys montés.

La ville est regulièrement percée; la Grand rue, nommée King-Street, est ornée de maisons et d'hôtels de grande apparence, bâtis en pierre. Celui du Gouvernement, surtout, serait remarqué dans quelque ville que ce fût en Europe.

La partie haute de Christianstadt est presque exclusivement habitée par des gens de couleur. C'est ce qu'on appelle *the free Guts;* (les ravines libres.) Ce quartier n'est pas aussi dégoûtant qu'une certaine partie de la ville de Saint-Thomas, réservée à la même population, parce que la cohue y est moindre; outre que les rues sont larges et régulières.

Vendredi 12 *juillet* 1816; *Christianstadt.*
(*île Sainte-Croix.*)

Les gens de couleur ne sont pas moins insolens ici que dans les autres îles des Antilles.

On a voulu dernièrement leur faire faire le service des patrouilles en ville; la chose n'a pas été de leur goût. Ils s'y sont refusés. On s'est assemblé, du même sang-froid que s'il s'agissait d'un accommodement entre deux partis, parmi des égaux.

Il a été décidé que l'on enverrait une députation à Copenhague. Les blancs (danois), ont nommé deux ou trois individus chargés de pouvoirs; les hommes de couleur en ont fait autant de leur côté. Cette ridicule ambassade a passé la mer pour aller en Europe, où il sera pris une décision sur ce différend entre des *citoyens égaux en droits!*

Les Danois précédèrent les Anglais dans ce prétendu esprit de philantropie qui les a portés très-inconsidérément, à se déclarer les premiers, en faveur de la race noire.

Les Danois y allaient de bonhomie; s'ils sont déjà la cause de très-grandes calamités qui ont affligé les colonies, il faut pardonner à leur bonne foi aveugle. Il n'en est pas de même des Anglais: ceux-ci entrent en apparence, dans l'intérêt des noirs, quand la chose doit nuire à leurs rivaux; mais ils ne sont pas gens à se faire le moindre scrupule, s'ils trouvent de l'avantage à enchaîner trente millions d'indiens, nullement inquiets dès-lors, d'asservir sous le joug le plus humiliant, les peuples les plus doux qui existent sur le globe!

J'ai été horriblement mal logé ici, moyennant la somme de trente francs, pour une seule nuit. Je suis néanmoins dans le principal hôtel d'une ville opulente, où je n'ai pû trouver qu'un mauvais cabinet, avec un grabat où les moustiques m'ont tellement fait la guerre, que j'ai été forcé de me lever à la pointe du jour, quoique fatigué et souffrant.

On ne s'imaginerait jamais à quel point on est mal dans les auberges anglaises des Colonies (c'est un anglais qui tient celle-ci; l'île a été si long-tems possédée par eux, on y compte un si grand nombre de propriétaires de cette nation, que c'est en quelque sorte une île anglaise); et avec quelle impudente effronterie ces teneurs de tavernes osent vous demander des sommes, pour ne vous donner qu'un abri sale, dégoûtant et dépourvu de tout; je leur dois ce coup d'éperon donné en toute justice. Je pense qu'un anglais doit se croire en paradis, quand il se trouve dans une île française, où tout lui est prodigué pour le quart de ce qu'il a coutume de payer chez les siens. Ces messieurs doivent prendre les Français pour de grandes dupes, et convenir que, parmi leurs aubergistes, il s'en trouve d'une rapacité rudement déhontée.

Wattson est le nom de la personne qui tient le premier hôtel à Christianstadt. Il est impossible d'être aussi mal que les étrangers le sont chez lui.

Dès huit heures du matin, suivant les us anglais, on vient vous tracasser pour déjeûner. Si vous n'êtes pas prêt, ou que vous soyiez incommodé, ou que, ne voulant point déjeûner à la fourchette, vous demandiez plus tard, une tasse de thé et deux œufs, on vous fera payer cela en surplus de l'ordinaire, et l'on vous servira tout de travers, de manière à faire perdre patience à l'homme le plus froid. Les œufs seront gâtés, le pain mal fait, le beurre d'une odeur choquante; point de sucre, et pour en tenir lieu, de mauvais sirop. Vous ne pourrez obtenir quelques feuilles de thé pour le faire vous-même. On vous présentera celui du matin, sur lequel on aura versé de l'eau chaude, et vous ne pourrez obtenir une serviette.

Cependant, suivant les mêmes us, un commis, et plutôt deux qu'un, seront au comptoir, dans la salle même où vous vous tenez, et vous les verrez écrire avec avidité un citron, ou la moindre chose que vous demandez, avant même qu'on vous l'ait portée, afin de vous la faire payer au centuple.

N'est-ce point ces gens là dont on a dit plaisamment, qu'ils ont soin de passer en dedans de la corde. — (*Within the rope!*)

L'entrée du port est extrêmement dangereuse à Bassino ou Christianstadt; elle est resserrée par des récifs ou brisans, à fleur d'eau. Il serait imprudent de venir de nuit, au mouillage.

Malgré les concessions faites aux nègres et aux gens de couleur, à Sainte-Croix, l'intérêt des planteurs s'est maintenu sur un point important, avec moins de relâchement que dans nos îles françaises, où l'on se plaît à supposer que l'esclavage est plus rigoureux.

A Sainte - Croix, le propriétaire n'accorde point le samedi à ses esclaves, pendant la récolte, c'est-à-dire, six mois de l'année; ils n'obtiennent aucune indemnité de leurs travaux pour cette journée.

Au contraire, j'ai vu que le samedi est scrupuleusement accordé aux nègres des ateliers, dans les îles françaises, même pendant la récolte, et malgré l'indispensable nécessité de continuer la cuisson du sucre le samedi, quand on n'a pu l'achever le vendredi. Dans ce cas, les travaux des esclaves sont ponctuellement acquittés. Je suppose que cet usage est général, quoique je ne puisse répondre que des propriétaires chez lesquels je l'ai vu pratiquer. On donne ici un très-petit terrain aux nègres des habitations; apparemment parce qu'il est précieux; mais ils reçoivent chaque semaine, une certaine quantité de maïs et des harengs. De plus, on les habille deux fois chaque année.

Samedi 13 *juillet* 1816; *île Sainte-Croix.*
(habitation Mac-Carthy)

Ce matin de bonne heure je suis allé à cheval, rendre visite à M. de Mac-Carthy, sur son habitation de la Grange. J'espérais trouver en lui le fils ou le frère de mon ancien ami, le comte de Mac-Carthy, autrefois officier dans le régiment de Dillon; je m'étais particulièrement lié avec lui au siége de Saint-Christophe, et depuis ce tems je n'avais eu le plaisir de le rencontrer qu'une seule fois à Paris.

Quoique j'aie été trompé dans mon attente, j'ai eu l'avantage de rencontrer dans le propriétaire de la Grange un parfait gentilhomme, de qui j'ai reçu mille honnêtetés, et l'invitation de passer quelques jours avec lui à la campagne, ce que j'ai accepté avec infiniment de plaisir.

M. de Mac-Carthy a épousé Mlle Payen, de la Guadeloupe. Mme Payen, mère de son épouse, s'est remariée ici avec un négociant, créole de Sainte-Croix, M. de Wendt, aujourd'hui propriétaire de l'habitation Love.

Après avoir visité la sucrerie, que j'ai trouvée dans le meilleur ordre, et vu la plus belle qualité de sucre qu'il soit possible de faire, nous sommes montés en voiture pour nous rendre en ville, à la distance de deux milles, par une route égale à tout ce qu'on peut voir de mieux dans ce genre en Europe.

Après avoir rendu visite au gouverneur de l'île, M. Bolsen, homme d'un grand talent, particulièrement en diplomatie et dans la connaissance des lois, nous sommes allés chez M......, chef de la police, et beau-frère de M. de Mac-Carthy, d'où nous sommes repartis en voiture, pour remonter à l'habitation.

La maison de la Grange n'est point une de ces cases ouvertes à tous vents, où l'on ne trouve absolument rien, en fait de choses agréables ou commodes. Située sur une éminence dont l'abord est facile, elle est solidement bâtie en pierres, à douze pieds au-dessus du sol. La partie plus élevée est en bois, à la mode anglaise. Les appartemens sont distribués avec goût, élégamment peints et richement meublés. On y est aussi *comfortablement* qu'en aucun des châteaux des environs de Paris; agrément très-rare et presque inconnu dans nos îles françaises.

Les propriétés ici, sont d'un revenu colossal : M. de Mac-Carthy ne fera pas moins de mille barriques de sucre, et ce sucre est si beau qu'on le croirait terré deux fois.

Le hogshead (boucaut), est de treize quintaux. Le quintal de sucre, à raison de sa beauté, se vend dix gourdes pleines, faisant cent trente gourdes, ou 1300 fr. des Colonies, ou 650 fr. de France pour le boucaut; conséquemment 650,000 fr. de revenu (argent de France.)

Il s'en faut de beaucoup que ce soit l'habitation du plus grand produit; il y en a qui donnent quinze cents boucauts et au-delà !

A quatre heures, nous sommes remontés en voiture, avec Mme de Mac-Carthy et Mesdemoiselles Payen, ses sœurs, et nous sommes allés dîner en ville chez M. le juge..... beau-frère de M. de Mac-Carthy.

A sept heures, nous avons assisté à un concert qui a lieu tous les mois, exécuté par des amateurs, et où un petit nombre de personnes qui ont souscrit, ont le droit d'entrer.

Les dames n'ont pas tardé à s'y rendre : cinquante jeunes personnes, danoises ou anglaises, des familles les plus distinguées de l'île, y étaient attirées bien moins par le concert que par l'irrésistible charme du bal qui le suit d'ordinaire, et qui s'est prolongé jusqu'à une heure après minuit.

On n'a dansé que des anglaises et des walses. Les nymphes d'*Albion* faisaient assaut de grâces et de blancheur avec les vierges du Holstein et de Copenhague. C'était un coup-d'œil ravissant, et très-rare aux Colonies.

Le Gouverneur de Sainte-Croix et autres îles danoises, M. Bolsen, le commandant de Saint-Thomas, les principaux officiers et les personnes occupant ici les premiers emplois, assistaient à ce bal.

A une heure après minuit, M. et Mme de Mac-Carthy, et moi, nous sommes revenus à la campagne, où trois sœurs de Mme de Mac-Carthy sont arrivées en même-tems, dans une autre calèche.

C'est ainsi que j'ai passé une journée extrêmement agréable avec des personnes que, le matin même, je n'avais pas l'avantage de connaître !

Dimanche 14 *juillet* 1816; *île Sainte-Croix.*
(habitation Mac-Carthy.)

Immédiatement après le déjeûner, nous sommes partis en voiture, pour aller entendre la messe en ville. Elle a été dite par le père Ehrard, ci-devant curé à Marie-Galante. J'ai été étonné de la dévotion avec laquelle elle a été entendue et par les dames blanches et par les noirs. On a de bien fausses idées en Europe, relativement aux femmes des Colonies. J'ai déjà eu l'occasion de faire cette remarque dans les îles françaises que j'ai habitées.

Après la messe, et quelques visites faites en

ville, nous sommes revenus à la Grange, où nous avons trouvé le commandant de Saint-Thomas qui a dîné avec nous, ainsi que le gouverneur de Sainte-Croix et douze autres personnes.

Le dîner était splendide ; l'argenterie, la porcelaine, tout ce qui constitue le service de table, sortait des plus riches ateliers de Londres; et le convive que les mets les plus délicats n'auraient pu stimuler, eût joui du coup-d'œil, de l'élégance et de l'éclat du festin. Des calèches, des chevaux de main, et de nombreux esclaves remplissaient les avenues de l'habitation. On est resté à table jusqu'à la nuit.

Après dîner, le whisk, le boston et la musique ont achevé la soirée.

Avant dîner, j'ai parcouru une brochure du mois de mai, imprimée hors de France, donnant les interrogatoires de plusieurs individus impliqués dans une affaire très-grave.

Je n'aurais pas cru à la possibilité d'un tel assemblage de faiblesse du côté du glaive, et de pathos ridicule dans toute la nudité de l'impuissance personnelle.

Ne voilà-t-il pas un accusé qui, s'érigeant en suprême arbitre des nations, choque à-la-fois ses juges et le bon sens, par un galimathias que l'on ne se consolerait point d'avoir lu, si l'on n'y trouvait, en dédommagement, une mine de *vis comica*, d'une richesse prodigieuse. Où diable l'orgueil va-t-il se nicher? Que restera-t-il aux hommes d'Etat, aux Grands, aux Princes, aux Souverains, si un pauvre particulier veut trancher de l'homme d'importance, même sur la sellette des accusés! Il est donc vrai qu'un grand peuple peut en un clin-d'œil, passer du dernier excès de la présomption à l'abnégation absolue de toute fierté nationale!

Que deviendraient trois étrangers qui, ayant commis à Vienne, à Londres, à Berlin, des délits de haute importance politique, s'oublieraient au même degré que ces messieurs?

Que de choses ne faut-il pas voir avant de mourir? Mais en vérité, il y en a qui passent la permission.

Qu'un Souverain, dans l'ivresse du pouvoir, s'abandonne à des sentimens d'orgueil, on peut le concevoir ; surtout s'il est né sur le trône : mais qu'on en trouve le plus choquant excès, publiquement et hardiment manifesté par un simple particulier, debout, dans la balance de Thémis, n'est-ce pas là de ces maladies, triste apanage de l'espèce humaine, dont il n'existe de contre-poison que dans le prodigieux ridicule qui y abonde ?

Lundi 15 *juillet* 1816 ; *île Sainte-Croix.*
(*Habitation Mac-Carthy.*)

Je ne suis pas encore bien remis du soulèvement de cœur que ma causé la lecture des interrogatoires dont j'ai déjà fait mention. J'ai des nausées de cet ampoulage de misérable orgueil, de ces répétitions par de-là satiété : *je suis né dans tel pays : j'ai beaucoup voyagé.... J'ai vu les Druses, les Bédouins, le Mont-Liban... J'ai observé les mœurs des peuples.....* Pauvre jeune homme! Ainsi la fable en son ingénieuse morale, nous dépeint la chétive habitante des pays marécageux, s'enflant à outrance, dans l'es-

poir de surpasser en grosseur le bœuf des premiers pâturages ?

> Quùm magis atque
> Se magis inflaret; non si te ruperis, inquit,
> Par eris.
>
> Horat. *sat. lib.* 2, *v.* 317.

Je ne connais rien de pénible comme la lecture de ce procès. La phrase qui succède ajoute au dégoût que vous a causé la précédente.

Ainsi quand le pilote, l'œil tendu sur la voile incertaine, maîtrise à peine son vaisseau, dont la proue d'airain sillonne les montagnes d'eau salée, le citadin que sa destinée lança sur les plaines humides, et l'homme des champs que la fatigue du bonheur amena follement dans les royaumes de Neptune, tristement accolés sur le goudron des cordages, et le cœur au dernier degré de soulèvement, mille fois sollicités de donner libre cours à la bile tumultueuse, s'exténuent en vains efforts : le flot qui les causa fait place à d'autres flots, et la douleur succède à la douleur.

> Sicut unda supervenit undam !

Fatigué de ces détails disgracieux, j'ai jeté loin de moi l'imprimé qui les publie.

Nous venons de déjeûner : M. de Mac-Carthy m'a proposé de monter en cabriolet, et d'aller voir une autre sucrerie très-considérable, qu'il possède à deux ou trois milles de celle que nous habitons. Nous avons pris la route de l'ouest, traversant des chemins de la plus grande beauté, au milieu des champs de cannes, partout régulièrement coupés à angles droits. Nous y rencontrions des équipages, comme aux environs de Paris. Le coup-d'œil de la plaine, terminée vers le sud, par la mer, vers le nord, par des mornes; ainsi que le grand nombre de belles maisons de campagne éparses de tous côtés, et rapprochées les unes des autres, présentait un coup-d'œil qui eût été ravissant, si les mornes avaient conservé leurs forêts primitives, au lieu d'être honteusement mis à nu par des bras armés de l'impitoyable cognée.

L'île de Sainte-Croix n'est qu'un parterre dans la presque totalité de son étendue. La monotonie du coup-d'œil y fatigue promptement; point d'ombre, point de variété de verdure, point de ces plantes colosses, de ces orgueilleuses productions de la nature, qu'elle développe en paix dans la longue durée des siècles, et dont elle embellit les retraites silencieuses, où l'homme n'a pu porter encore ni son esprit inquiet, ni son fer destructeur, ni le volcan de ses passions, ni son activité satanique, ni l'inextinguible soif de l'or!

Quoique familiarisé avec les établissemens des sucreries, j'ai dû être étonné à Sion : si ce n'est la Terre-Sainte, c'est du moins la Terre Promise. Le Pactole y coulait en toute vérité! rien de plus beau que les bâtimens destinés à la fabrique du sucre, et à la distillation du rum. Le moulin à vent est le plus parfait qu'il y ait dans l'île; il y en a aussi à mulets, pour fournir au second équipage. Le sucre y est supérieur quoiqu'il cède en beauté à celui de la Grange. Ce dernier ne peut être surpassé en qualité. Aussi le vend-on facilement dix gourdes le boucaut.

Mardi 16 *juillet* 1816; *Sainte-Croix.*
(*Habitation Mac-Carthy.*)

Le moulin à sucre de Sion-Farm, (c'est le nom de l'habitation), est supérieur à ceux que j'ai vus jusqu'à présent, en ce que les deux cylindres entre lesquels les cannes à sucre passent en premier lieu, sont cannelés verticalement. Ils prennent d'autant mieux la canne, comme j'en ai été témoin. Derrière ces deux cylindres, une pièce de bois demicirculaire, est disposée de façon que la canne, en achevant de passer, reployée par suite du mouvement, se présente d'elle-même, entre le cylindre du milieu et le troisième, non-cannelé; après quoi, ayant exprimé toute sa liqueur, elle est mise à sécher, comme partout ailleurs, pour alimenter le feu de la sucrerie et celui de la fabrique de rum.

Cette pièce de bois dont je viens de parler, sauve le service de deux nègres ou négresses, occupés à repasser la canne une seconde fois dans les habitations des autres îles.

Les sucreries sont tenues ici dans un état de propreté qui étonne lorsqu'on n'a vu que celles des colonies françaises, très-négligées à cet égard, et à beaucoup d'autres. Cependant la belle qualité du sucre dépend grandement de cette propreté, dans tout ce qui a rapport à la confection du sucre. Ici les chaudières sont en cuivre, au lieu d'être en fer, comme chez les colons français. On s'attache aussi à n'employer que des boucauts neufs et bien faits, pour y mettre le sucre. Les étrangers qui font le commerce de cette denrée, se plaignent que dans les colonies françaises, on fait très-mal les boucauts; que par fois, on emploie des barriques qui ont déjà servi pour diverses marchandises; et enfin, que l'on est presque toujours obligé, après avoir acheté ces boucauts, de les changer et de s'en procurer d'autres à grands frais. On dit aussi que les français ne savent ni tirer le meilleur parti des terres, ni fabriquer d'aussi beau sucre qu'ils en pourraient faire, et tel qu'on en voit ailleurs, où le sol n'a aucun avantage sur le leur.

La culture, à Sainte-Croix, est portée au plus haut point qu'elle puisse atteindre. Les terres y sont aussi moins épuisées que dans la plupart des autres îles, dont quelques-unes sont en culture depuis près de deux siècles; ici, il n'y a pas plus de soixante et dix ans que l'on a formé les premiers établissemens. On travaille les champs comme à Saint-Christophe, en formant des sillons d'une grande profondeur, pour y planter deux rangs de cannes, au lieu de creuser ces trous carrés de deux pieds, où l'on a coutume de les planter dans nos îles. La fortune dont jouissent les cultivateurs de Sainte-Croix, leur donne la facilité d'avoir en abondance tout ce qui est nécessaire à l'exploitation de leurs biens. Les désordres de la Côte-Ferme empêchent l'importation des mulets, on en tire de très-beaux des États-Unis. Ceux de Porto-Rico sont trop petits. Les bœufs m'ont paru chétifs; il est vrai que ce n'est pas le moment d'en décider; c'est la fin de la récolte, époque où ils sont toujours prodigieusement fatigués et appauvris.

Il y a généralement sur les habitations, un

manager ou gérant chef, et deux économes.

Le nombre des noirs à Sion-Farm, est de quatre cents. La réproduction égale la consommation. Ce sont les nègres les plus riches de l'île. Il y a parmi eux d'excellens ouvriers de tout genre; les charrons y font des roues de voiture aussi parfaitement que dans nos grandes villes d'Europe.

Jeudi 18 juillet 1816; île Sainte-Croix.
(Habitation Mac-Carthy.)

Le dernier Gouverneur de Sainte-Croix, M. Oxholm, a levé en 1794, une très-belle carte de l'île, où l'on voit l'emplacement de chaque habitation, et le terrain qu'elle contient.

L'île est divisée en carrés de cent cinquante acres chacun; ces carrés sont indiqués sur le sol, par des chemins entre les propriétés diverses; indépendamment des routes publiques, croisant l'île en tout sens, et partout de la plus grande beauté. Les carrés sont sous-divisés à angles droits, autant que possible;

les chemins formant ces divisions, doivent être d'une largeur déterminée, de manière que l'on puisse y passer en voiture. La plupart des grandes routes sont bordées de cocotiers. C'est presque le seul arbre que l'on trouve encore dans la partie que j'ai visitée. Il faut faire une lieue avant d'apercevoir un chétif tamarin, ou un petit abricotier. L'île est d'une nudité qui attriste la vue, et qu'on remarque bien plus encore sous la zone torride, où la nature est si belle, livrée à elle-même, où le continent, les îles et les rochers sont couverts d'arbres et d'arbustes, de feuillages variés, et de toutes les teintes de verdure. Ici la main de l'homme a tout détruit sans goût, sans nécessité, sans calcul; car on ne retire aucun profit de ces montagnes arides et pelées, entièrement nulles pour la culture, désagréables à l'œil, et sur lesquelles croissaient les plus beaux arbres, à l'époque où les européens abordèrent ces contrées.

Les Irlandais furent les premiers qui s'établirent à Sainte-Croix. La culture n'y date guère que de soixante et dix ans; aussi les terres y sont-elles en pleine vigueur, et nulle part, excepté à la Trinidad, elles ne donnent autant de sucre, et d'une aussi belle qualité.

Les nègres y ont été gâtés, non-seulement par l'ébranlement donné au système colonial dans toutes les Antilles, mais particulièrement, par le ci-devant gouverneur Oxholm, dont l'esprit malencontreusement philantropique, a singulièrement aidé à saper les bases de cet édifice.

Outre son autorité qui lui donnait de grands moyens pour atteindre son but, il était encore propriétaire; son pernicieux exemple aurait suffi pour opérer une révolution dans cette île. Il insinuait à ses propres nègres des principes destructeurs du bon ordre et des droits des propriétaires.

Il se plaisait à permettre à ses nègres des familiarités et une licence qui devaient entraîner de funestes résultats. Lorsqu'on lui portait des plaintes contre les noirs, ou qu'il entendait parler de marronage, il en attribuait la faute aux maîtres, sans nul examen; et par une précaution aveugle et passionnée. Au contraire, il se croyait à l'abri de ces inconvéniens, par le système particulier qu'il avait adopté. Il arriva néanmoins qu'il fut trompé dans ses calculs : ses nègres, successivement encouragés à tous les vices et dégagés de tout frein, abandonnèrent ses habitations; il se vit privé de leur travail; et des fonds que représentaient ses esclaves.

Je fus témoin hier, à Sion-Farm, de la distribution des vivres qui s'y fait une fois la semaine, aux nègres. Leur nombre s'élève à quatre cents; ils reçoivent chacun, une certaine mesure de très-belle farine de maïs, et six harengs; ils sont habillés deux fois l'an. Le dimanche est à eux, et ils ont tous un peu de terrain près de leurs cases, pour y cultiver des vivres.

Vendredi 19 *juillet* 1816; *Sainte-Croix.*
(*Habitation Mac-Carthy.*)

Nous eûmes hier, la visite de Madame de Wendt (mère de Madame de Mac-Carthy), née demoiselle P......., de la Guadeloupe.

Cette dame mariée d'abord à un français, (M. P.......), a épousé en secondes noces, M. de Wendt, hollandais d'origine, et riche propriétaire de Sainte-Croix. Madame de Wendt est mère de douze enfans vivans; elle en a eu quatorze dans ses deux mariages. Cette mère était rayonnante de bonheur, et devait jouir en effet, de voir sa fille mariée à un gentilhomme du mérite de M. de Marc-Carthy. A quelque chose malheur est bon : les révolutions de la Guadeloupe la jetèrent à Sainte-Croix, où sa fortune devait s'accroître, et où la destinée lui réservait d'heureux jours, une famille nouvelle, et un gendre non moins distingué par sa naissance que par ses hautes qualités.

Nous jouissons ici d'un superbe tems, quoique l'époque de l'hivernage soit arrivée. J'en ai vu le commencement à Saint-Thomas; les vents y soufflaient par fortes bourrasques; les pluies tombaient en abondance, avant mon départ. Il semble que ce soit un tems de désolation, comparé à la sérénité du ciel dans les autres saisons.

Sainte-Croix a un climat particulier : elle est hors de la chaîne Caraïbe, où d'étroits canaux, promptement traversés par les vents, laissent passer de sommets en sommets, ces masses de nuages qui, à cette époque de l'année, ouvrent leurs flancs humides, et s'abattent tout entiers sur les îles qu'ils traversent ; plus particulièrement attirés vers celles dont les pics sont plus élevés et plus couverts de forêts.

Outre que Sainte-Croix n'a point de mornes d'une aussi grande élévation que ceux de la chaîne des Antilles, elle se trouve isolée au midi, sans présenter assez de surface pour arrêter les nuages. Au contraire, la proximité de Porto-Rico peut l'en priver; et cette île considérable, l'une des grandes Antilles, encore couverte de forêts et de montagnes, doit nécessairement attirer ce qui se trouve à portée, dans toute la région du vent.

Aussi les sécheresses sont-elles très-communes à Sainte-Croix ; et dans les tristes années où elles ont lieu, la récolte y est presque nulle. On fait deux boucauts de sucre, là ou l'on en avait fait deux cents l'année précédente ! Les trois ou quatre dernières années ont été de ce genre, et particulièrement 1814 et 1815.

Mais si l'hivernage a été humide, si la terre s'est imbibée des vapeurs nécessaires, alors elle ouvre son sein d'or au cultivateur étonné de sa fertilité prodigieuse. Le Pactole roule ses flots dans les campagnes orgueilleuses ; les jeux et les ris reparaissent plus animés ; et le coursier du nord, dont les pieds étaient armés contre la glace, vomit la flamme, entraînant avec lui dans sa course rapide, et le char de Long-acre, et l'esclave africain, et les jeunes beautés pour qui l'Inde et Paris ont brodé leurs plus riches tissus.

Quoique l'on vive très-bien à Sainte-Croix, le numéraire y est excessivement rare. Le planteur acquitte ses dettes en denrées ; il est payé en marchandises et fournitures dont il a besoin. Il n'arrive presque jamais que l'on soit payé en argent, et rien n'est si difficile que d'en trouver au besoin. C'est à Saint-Thomas que l'on s'en procure ordinairement.

Dimanche 21 *juillet* 1816; *Christianstadt* ;
(*île Sainte-Croix.*)

Après avoir pris congé de M. et Mlle de Mac-Carthy, je revins hier en ville, souffrant l'impossible du mal de dents. Le jour était excessivement chaud. Malheur à celui qui a des courses à faire avec un pareil tems ! Les rues sont absolument semblables à un grand chemin ; le soleil y darde à plomb, sans laisser un pouce d'ombre, hors des maisons.

Les comédiens ont donné hier, leur dernière représentation, tandis que j'étais à la campagne. Je regrette de n'avoir pu dire un mot de leurs talens, et des spectateurs qui venaient en jouir une fois la semaine. La plupart des acteurs étaient américains ; la comédie se jouait en anglais.

Cette ville est comme toutes celles des Colonies, triste et brûlante. Elle a de commun avec les villes des autres îles anglaises, et même à un plus haut degré, d'être totalement dépourvue de numéraire ; ce qui rend les transactions très-difficiles.

D'un autre côté, les aubergistes qui ont chez eux des étrangers, profitent de l'occasion, et ne manquent pas de les écorcher ; ils exigent des prix extravagans, et n'ont pas même une chambre à donner. Les derniers venus couchent par terre, au milieu de la salle à manger ; on y étend des matelas, et l'on est désolé par les moustiques.

Tout se vend ici extrêmement cher ; quelque insignifiant objet que vous achetiez, le minimum du prix est toujours une gourde.

Les médecins tiennent des pharmacies ; c'est le bon métier ; mais où n'est-il pas bon ?

Il y a peu de troupes dans l'île : les soldats sont en blanc ; les officiers en habit amaranthe, revers bleus.

Tout le monde se met en uniforme militaire. Vous ne pouvez distinguer un juge d'un capitaine, ou du chef de la police.

Les nègres ont ici le même usage qu'à la Trinidad : pour la moindre chose ils vont se plaindre, et ils sont très-protégés.

Les femmes de couleur étalent le même luxe que dans les autres Colonies; les blancs ont à leur égard, les mêmes faiblesses ; de là vient que beaucoup de jeunes femmes blanches ne trouvent point à se marier.

Il faut à Sainte-Croix, comme ailleurs, se garder des procédures et des gens de loi; les frais sont énormes; la justice vous dévore tout vif.

Il n'y a dans toute l'île qu'un seul prêtre catholique; il appartient à la mission de Cayenne. Son prédécesseur était un irlandais, trapiste. Dès que le général de l'ordre le sut ici, il s'empressa d'écrire et de le signaler comme le plus grand mauvais sujet qu'il fût possible de rencontrer. Il donna connaissance de divers faits à l'appui. L'échappé du cloître fut contraint de quitter la Colonie, où il se trouva remplacé par le missionnaire dont je viens de parler. Néanmoins ce dernier est abreuvé de désagrémens, au point qu'il ne songe qu'à faire sa retraite. Sa messe est déserte ; le trapiste s'était si parfaitement insinué dans l'esprit des irlandais catholiques, en grand nombre dans cette île, que son départ a fait naître une haine violente contre son successeur.

Tantæne animis cœlestibus iræ !
Tant de fiel entre-t-il dans l'âme des dévots !

Mardi 23 *juillet* 1816; *Christianstadt;*
(île Sainte-Croix.)

La chaleur est excessive depuis quelques jours ; la brise ayant presque totalement cessé. Outre le désagrément de cette température, pour des Européens, il en résulte encore des essaims de moustiques, contre lesquels vous ne trouvez point d'abri dans les auberges.

Préjugés à part, en voyageant hors de France, on serait tenté de croire que les autres nations sont encore encroutées de barbarie. Certes, je ne serai pas soupçonné de partialité en convenant que ce n'est qu'en France que l'on trouve tout ce que l'on peut désirer en choses commodes et agréables.

L'insouciance de l'étranger à cet égard, ne peut être comparée qu'à l'inconcevable impudence avec laquelle on ose exiger des prix exorbitans pour vous laisser entrer sous un mauvais toit : car, passé ce point, ce que vous trouvez de plus est dégoûtant à un degré que l'expression ne saurait atteindre. Il semble que ce le soit davantage encore dans un pays brûlant, où les idées de propreté, de bien-être, je dirais presque de volupté, se présentent si naturellement, et pour ainsi dire, à l'exclusion des autres.

Que ce soit donc un avertissement de quelque utilité pour ceux qui seraient tentés de voyager dans les îles étrangères que j'ai parcourues!

Sainte-Croix avait son agrément du tems des Français; avant qu'ils eussent fait la sottise de vendre cette île pour sept cent cinquante mille francs; c'est-à-dire, pour la moitié ou le tiers du revenu d'une seule habitation, dans son état actuel! Cette vente eut lieu en l'année 1733. L'île était alors dans l'état de nature. Elle était couverte de bois de toute espèce; ses ravines aujourd'hui desséchées, voyaient couler d'abondantes eaux, qui répandaient une agréable fraîcheur dans leurs cours.

Aujourd'hui l'on a mis tout à nu, même les mornes dépouillés de terre végétale. L'œil s'attriste à les contempler; il les voit en idée, tels qu'ils étaient il n'y a qu'un siècle; et la régularité des carrés cultivés, la monotonie des champs de cannes, accolés à d'autres champs de cannes, l'uniformité des habitations, leur multiplicité; la répétition fastidieuse des mêmes objets obligés (la case, le moulin à vent, la sucrerie, les bagasses, les bâtimens d'exploitation, les cases à nègres, etc.) tout cela produit une satiété pénible et sans ressource, puisqu'il n'y a pas moyen de voir autre chose.

Marie-Galante n'est qu'une paysanne près de l'orgueilleuse Sainte-Croix: mais que je l'aime mieux dans son agreste simplicité! Combien ses charmes, sa fraîcheur, ses pelouses informes, ses forêts augustes, ses ravines pleines de majesté, sa robe campagnarde, cet air piquant d'une jeune beauté qui, sous le joug de l'hymen, conserve encore le teint, le regard et les manières d'une vierge; combien cela me semble préférable à ces airs de fausse grandeur, accompagnés de misère secrète, à ces vêtemens mesquins et étriqués, à ce manque de grands traits, à ce teint brûlé, à cette régularité de parure monotone, qui déprécient à mon gré, sa superbe rivale! Ce sont deux sœurs, dont une, en vivant au village, a conservé ses avantages naturels, tandis que l'autre n'a rapporté que de ridicules prétentions de son séjour à la capitale, et d'une société au-dessus de son rang et de ses moyens! La seconde me plaît d'autant moins qu'elle fait plus d'efforts pour me séduire; la première me charme sans y songer.

Mercredi 24 juillet 1816; Christianstadt; (île Sainte-Croix.)

Pendant mon séjour à Saint-Christophe j'étais logé dans le même hôtel qu'un officier de la marine anglaise, très-aimable jeune homme, venu d'Europe en congé, aux Colonies. Il m'avait prié, au cas que je vinsse à Sainte-Croix, de me charger d'une lettre qu'il me confia, et que je lui promis de remettre à son adresse. Je ne lui fis aucune question;

et comme c'était en un moment pressé, le paquebot mettant à la voile, je le quittai sans savoir que cette lettre était pour madame sa mère.

Je ne l'appris qu'avant-hier, lorsque je retrouvai cette lettre, et que je la remis à mistress M......, qui m'engagea fort poliment à venir passer la soirée chez elle, le lendemain, en me prévenant qu'elle inviterait plusieurs dames, et que j'y verrais sa fille, qui, dans le moment, était absente.

Je me présentai, hier soir, chez elle, et je la trouvai en tête-à-tête avec une charmante demoiselle affligée de dix-sept à dix-huit ans.

Les dames invitées, arrivèrent peu après. Nous prîmes le thé; après quoi nous jouâmes au vingt-un, où les jeunes demoiselles mirent infiniment de gaîté à d'aimables tricheries, au moyen desquelles elles faisaient vingt-un chaque fois, ou l'avaient d'emblée. La compagnie se retira de bonne heure, comme c'est l'usage dans les îles. J'accompagnai une famille avec laquelle je passai agréablement le reste de la soirée, sur les instances qui m'en furent faites.

J'ai pris aujourd'hui mon passe-port. Il a fallu, comme à Saint-Thomas, que je payasse l'imposition de deux gourdes et demie pour l'obtenir.

M. de Bolsen, gouverneur de l'île, à qui j'eus l'honneur de rendre visite, avant de quitter Sainte-Croix, voulait que j'attendisse le départ du brick de guerre, sur lequel il m'eût donné un passage. Mais ici, comme ailleurs, peut-être plus qu'en aucun endroit, j'éprouve le besoin de changer de demeure et de voir de nouveaux objets; disposition que je reconnais moi-même pour une véritable maladie, dont il est cruel d'être atteint au degré où je le suis. Elle provient sans doute de l'absence du bonheur; de cette inquiétude naturelle à ceux qui le cherchent, et de l'impossibilité physique et morale de se tenir en repos avant de l'avoir trouvé; du moins tant qu'un reste de santé et de chétifs moyens permettent de se déplacer et de supporter, le poids de toutes les misères de la vie errante. Je n'ai pu réussir à ce qui m'avait, en partie, amené ici; le paiement d'une très-faible créance. Sainte-Croix, est, en fait d'argent, le plus misérable pays que je connaisse. J'ai vu un propriétaire qui a fait cette année, 650 mille francs de revenu, (argent de France), ne pouvoir se procurer à volonté deux cents piastres en numéraire!!!

C'est aussi le pays des mauvais payeurs ; et pour achever le tableau, c'est celui du papier-monnaie.

Ce matin, lorsque j'ai acquitté le droit pour mon passe-port, on n'avait pas même quelques gourdes à me rendre, et l'on m'a présenté un mauvais billet, dégoûtant de vétusté.

On dit qu'il faut se défier du dîner à la fortune du pot : celui qui a dit cela se serait exprimé autrement s'il avait visité Sainte-Croix : il aurait dit : méfiez-vous d'un dîner à l'auberge danoise.

Il y a ici un nommé Jansen, de cette nation, qui reçoit les voyageurs. Le dîner, unique repas du jour, est composé d'un petit jambon et d'un morceau de veau. Tous les canons du monde ne le sortiraient pas de là. Nulle sorte de légumes, pas de poisson, point d'entremets, pas une banane; absolument rien que ces deux pièces, dont il est impossible de manger, à moins d'avoir fait la pêche de la baleine dans les mers du Groënland.

En guise de dessert, on met devant vous un vase bleu pour vous laver les mains. Ledit vase est remplacé par un charbon ardent, pour réjouir les amateurs de cigarres!! *O tempora! ô mores!* Est-ce que le règne des Goths et des Visigoths va revenir?

Jeudi 25 *juillet* 1816; *Christianstadt*; (*île Sainte-Croix.*)

Je ne sais si j'ai parlé de West-end, ou Frédérckstadt : c'est la seconde ville de l'île. Elle est régulière et aussi bien bâtie que la capitale. La rade est foraine; les vaisseaux y seraient grandement exposés en cas de mauvais tems.

C'est là que se rendent les amateurs de courses de chevaux : il s'y fait des paris considérables. Ce sont de jeunes nègres qui montent les chevaux. On prend comme en Angleterre, les mesures d'usage; c'est-à-dire, que l'on égalise le poids des cavaliers, des selles, etc.

La ruse entre pour beaucoup dans la manière d'exécuter ces courses. Un homme, sûr de la vitesse de son cheval, recommande à son nègre de modérer sa course au premier tour; ce tour achevé, les parieurs novices croyant avoir reconnu la supériorité marquée du coursier qu'on a laissé à dessein prendre l'avantage; les paris se renouvellent : on propose une somme considérable en faveur du cheval en retard; il ne manque pas plus de dupes que de fripons. Les paris établis, les chevaux partent au signal. On est tout surpris de voir le coursier qui avait peine à suivre ses concurrens, s'élancer comme un cerf dans la carrière, parcourir en un clin-d'œil l'espace déterminé, et toucher rapidement le but, aux applaudissemens mille fois répétés d'innombrables spectateurs, et des grecs, fidèles à leur antique devise :

> An dolus an virtus quis in hoste requirat ?
>
> VIRG.

On n'est pas moins passionné à Sainte-

Croix pour les combats de coqs. Je crois en avoir déjà dit un mot. Le local où l'on se rend pour ce divertissement, est situé vers le centre de l'île. Il s'y fait aussi des paris considérables.

Les courses, les combats de coqs, une mauvaise comédie, jouée pendant quelques mois de l'année, une fois par semaine seulement, et l'usage très-multiplié des voitures et cabriolets, constituent tous les plaisirs de Sainte-Croix. Il y fait extrêmement chaud, particulièrement en ville, et dans toute la partie de l'île, médiocrement élevée au-dessus du niveau de la mer. De plus, cette colonie est prodigieusement monotone par l'excès même de sa culture, le dépouillement total des forêts et des montagnes, et l'exclusion absolue de tout ce qui n'est pas canne à sucre, ou herbe de Guinée.

Je dirais volontiers, au sujet des champs de cannes, ce que Fontenelle disait des moutons :

Je n'aime les moutons que quand ils sont à moi.

Mais lors même que je serais riche propriétaire à Sainte-Croix, ce n'est pas là que je voudrais établir ma résidence.

Il paraît que les Irlandais furent les premiers à se donner à la culture de l'île. Il s'y trouve encore un grand nombre de familles de cette nation. Je n'y connais qu'un français qui y soit propriétaire; deux ou trois autres exercent divers états en ville. Les juifs ne laissent pas que d'y être en assez grande quantité. Les esclaves et les gens de couleur y sont excessivement nombreux. On a infiniment de peine à suffire à la nourriture et à l'entretien des premiers dans les mauvaises années. Le prix des noirs y est d'environ trois cents cinquante gourdes.

(A la mer.) Trajet de Sainte-Croix à Saint-Thomas.

A onze heures du matin, embarqué sur le *schooner Anna*, capitaine Block, allant à Saint-Thomas.

A midi, sous voile; beau tems; bonne brise de l'est-sud-est. La mer est dure, et, comme il m'arrive sans cesse, je suis très-souffrant du mal de mer.

A cinq heures, nous passons près de F..... Island,

> Qui ressemble à cette île escarpée et sans bords,
> Où l'on ne peut rentrer dès qu'on en est dehors.

A six heures, nous entrons dans la rade, après un trajet de cinq heures et demie, pour trente-six milles.

Nous avions à bord un jeune danois dont la sœur habite Saint-Thomas, où elle est mariée au collecteur des revenus publics.

Celui-ci a une charmante résidence sur un des mornes qui entourent la rade. Le jeune homme, déjà depuis quelques jours à Sainte-Croix, où il était arrivé directement de Copenhague, avait informé ses parens de son arrivée.

Avant même d'entrer au port, le canot du collecteur est venu le réclamer; il est parti; je le suivais des yeux, en songeant à tout ce qu'il allait éprouver d'enchanteur : c'est un de ces instans fortunés, de ces éclairs de bonheur qui appartiennent presque exclusivement à la première jeunesse.

Comme le canot se dirigeait vers l'habitation où le voyageur était attendu, j'ai distingué un homme et une dame descendant du morne vers le bord de la mer, je songeais aux délices dont le frère et la sœur allaient jouir, et je réfléchissais au prodige de se rejoindre au pied d'un rocher sauvage, séparés soixante jours auparavant par le vaste désert de l'Atlantique, à une distance de deux mille lieues ! Il me semblait que je participais à leur joie mutuelle. J'ai vu leurs tendres embrassemens, et je croyais ouïr tout ce qu'ils ont dû se dire d'affectueux et de touchant. Je les ai vus monter le morne ensemble, sans s'apercevoir de sa roideur, et j'ai continué à les suivre en idée, alors même qu'ils ne paraissaient plus, jusqu'à ce que le bruit et l'activité du port où nous venions de jeter l'ancre, ont durement saccadé mes idées, et fait évanouir la douce rêverie à laquelle je me plaisais à m'abandonner tout entier.

Samedi 27 *juillet* 1816; *île et port de Saint-Thomas.*

Nous venons d'apprendre que la Guadeloupe a été remise mardi dernier, 23 de ce mois, à la division française expédiée à cet effet.

Il paraît qu'il n'est venu que deux bâtimens, et conséquemment très-peu de troupes. Elles sont arrivées précisément à l'époque de la mauvaise saison. Il ne serait pas étonnant qu'il ne restât pas vingt-cinq hommes en état de faire le service d'ici à la fin de l'hivernage.

On parle aussi d'une défaite de Bolivar, général des indépendans de la Côte-Ferme. Suivant des bruits que je crois peu fondés, après avoir quitté Carthagène, il y a quelques mois, par suite de mésintelligence entre lui et quelques-uns de ses principaux officiers, il avait passé aux Cayes (île Saint-Domingue), d'où il s'était rendu chez Péthion, avec qui il avait eu une entrevue dans son palais au Port-au-Prince. Il en avait obtenu un secours de cinq cents hommes, et lui avait acheté une corvette. Aidé de ces moyens et de son crédit, il avait effectué le départ de dix-sept navires qui mirent en mer des Cayes, il y a quelque tems, avec des armes, de la poudre, des canons, et environ soixante mille gourdes en argent. C'est avec cette force qu'il vint, ajoute-t-on, aborder à l'île Sainte-Marguerite, dont la moitié était au pouvoir des indépendans. Cette flottille, où Bolivar n'était point, ne fut pas dirigée sur l'île Marguerite, mais vers le golfe du Mexique, où elle aborda à Galveston. Bolivar occupait la partie de la Côte-Ferme entre Cumana et Caracas, où il s'était maintenu jusqu'à ce moment, non sans quelques succès. J'ai lu une proclamation de lui, publiée il y a vingt jours seulement, près de Caracas. Il paraît qu'il se préparait à un effort décisif : c'est sûrement dans cette tentative qu'il aura perdu les dernières ressources d'un parti désormais sans espoir.

Il est heureux pour lui que, dans cette dernière proclamation, il ait montré des sentimens humains, en déclarant que nul espagnol que le sort de la guerre mettrait entre ses mains, ne serait mis à mort, quelles qu'eussent été ses opinions politiques; eût-il servi dans l'armée du Roi.

On répand aussi une nouvelle dont la confirmation me jetterait en un grand embarras : on dit que la Nouvelle-Orléans a prodigieusement souffert d'une inondation qui aurait eu lieu il y a peu de tems.

C'était là que tendait ma course, et où j'avais quelques moyens. Cet évènement les anéantirait en toute certitude, et je me trouverais sérieusement embarrassé. J'aurais dû aller là en premier lieu, et me rappeler que le monde change de face tous les quinze jours. Ceci dérange mes projets, et me forcera peut-être d'aller directement aux États-Unis, tandis que je comptais suivre mes voyages par les Grandes Antilles; revoir successivement Porto-Rico, Saint-Domingue, la Jamaïque et Cuba, d'où je me serais rendu à la Nouvelle-Orléans. L'intervalle de quelques jours détruira ou confirmera cette nouvelle. En attendant, je demeurerai incertain de ma destinée, sans projet fixe, et dans toute l'inquiétude d'esprit qui s'attache à ce genre de situation.

Multùm ille et terris jactatus et alto,
Vi Superûm !

VIRG. *Æn. lib.* 1, *v.* 4.

Samedi 3 août 1816; *île et port de Saint-Thomas.*

Nous avons eu la confirmation de la défaite des indépendans de la Côte-Ferme, sous la conduite de Bolivar. Il paraît que c'est un jeune homme inhabile, en sa qualité de général; en outre, dénué de caractère, et de cette fermeté qui sembleraient du moins devoir être l'apanage des chefs de partis. Son armée a été anéantie; tout a été passé au fil de l'épée. A peine s'est-il échappé quelques individus pour en porter la nouvelle aux émigrés espagnols. Leur dernière espérance est évanouie; ils sont ici en assez grand nombre, et dans une extrême consternation.

Bolivar s'est sauvé de sa personne, suivi de sa sœur et de sa maîtresse, toutes deux vêtues en hommes. Rendu sur les vaisseaux commandés par Brion, amiral des indépendans, celui-ci a donné ordre de le mettre à terre, où il a été débarqué. En supposant qu'il eût un reste de parti, et d'autres moyens personnels que ceux qu'il possède, il est flétri doublement, et par sa défaite, et par son abandonnement. . . . . *Nec surgendus adhuc!*

Autant que j'en puis juger, ce parti des indépendans est le plus misérable ramassis qui ait jamais été formé. Il se compose de très-peu d'espagnols, de quelques créoles indiens, noirs, ou métis versicolores; sans discipline, sans bravoure; instrumens et victimes de quelques hommes enragés qui les égarent par ambition, par jalousie, par cet esprit d'inquiétude et de mécontentement, cet amour de subversion qui les rend dignes adeptes des fondateurs du grand foyer des lumières d'*orient.* Race incurable, renaissant comme les têtes de l'hydre, en dépit de la massue d'Hercule, et de ses efforts victorieux.

On pense bien que ce ramassis dont je viens de parler serait totalement incomplet, s'il n'y figurait des hommes de la bonne école. Il s'y en trouve en effet. Lorsqu'ils sont forcés dans leurs derniers retranchemens, semblables aux pirates des premières époques de la découverte du Nouveau-Monde, ils rentrent dans leurs *boucans*; et selon les divers points de la Côte-Ferme d'où ils partent, on les voit rentrer à la Jamaïque, aux Cayes et à Saint-Thomas, refuge de tous les partis.

On a peu d'idée en Europe de la manière de guerroyer à la Côte-Ferme. La science militaire y consiste moins à savoir prendre des positions avantageuses, attaquer ou rétrograder à propos, faire des marches habiles, etc., qu'à connaître l'art profond des complots et des plus perfides machinations : témoin ce qui arriva à Caracas en 1814.

Mardi 13 *août* 1816; *île et port de Saint-Thomas.*

J'ai changé à regret, le plan de mon voyage. Des circonstances impérieuses m'y ont forcé. Je comptais en suivre le cours par Porto-Rico, Saint-Domingue, la Jamaïque, Cuba et la Louisiane, d'où j'aurais gagné les États de Georgie et de la Caroline, etc.

Je pars demain pour les États-Unis, sur une goëlette qui me mène à Norfolk, en Virginie. Je m'estime heureux d'abandonner le triste rocher de Saint-Thomas, où la vie est si monotone pour ceux à qui le cours du change est indifférent; qui ne spéculent ni sur la morue de Terre-Neuve, ni sur les mulets de Porto-Rico, ni sur les désastres de la Côte-Ferme, ni sur la contrebande à main armée, ni sur les navigations illicites, (à l'aide de papiers et autorisations de trois ou quatre puissances), ni sur les pirateries ouvertement et notoirement exercées contre tout venant. Cette île est un dépôt de matières ignées et volcaniques, lesquelles peuvent prendre feu au premier jour, et détonner affreusement, au milieu de leurs tristes compagnons, les ruines et les désastres!

Les nègres et gens de couleur sont en parfaite maturité pour l'insurrection. La force qui réprime est d'une effrayante nullité. Les espagnols de Ferdinand et les créoles de Bolivar s'entr'égorgent sur les grèves, à l'ombre de la nuit. Les danois quakérisent; les américains butinent; les déportés de certains pays, et les non déportés, vomissent à qui mieux, leurs imprécations contre les gouvernemens amis de l'ordre et de la paix ; espérant le jour des vengeances, et se consumant dans la plus misérable débilité..... *telum imbelle sine ictu !*

Je ne conseille pas à celui qui n'entend pas la langue de cent pour cent, de venir visiter Saint-Thomas : cette île ne lui offrirait rien qui l'intéressât. Le climat y est brûlant, surtout dans la saison actuelle. On est excessivement mal dans les auberges, et à des prix extravagans. Nulle ressource pour la société ; point de comédie ; point de cercles où l'étranger puisse aller recueillir les nouvelles d'Europe. Presque point d'habitations. Une seule promenade sur la route de l'est, vers la sucrerie....... A huit heures, le coup de canon ; retraite générale jusqu'au coup de canon de cinq heures du matin. Voilà, en peu de mots, ce qui donnera une légère idée de Saint-Thomas, et de la triste vie qu'on y mène.

Quoique j'aie dépeint cette petite île comme une fourmillière d'aventuriers ardens, je me fais un devoir de publier qu'on y trouve des hommes extrêmement recommandables par leurs qualités, et jouissant, à juste titre, de la plus haute estime; tels que : Monsieur le consul américain ; M. King, négociant anglais ; M. Souffren, négociant français, et beaucoup d'autres. Monsieur Holten, gouverneur de Saint-Thomas, militaire affable, et du meilleur ton, joint, à des manières distinguées, une simplicité de mœurs et une popularité qui le font chérir à-la-fois et des siens et des étrangers de tous les partis.

Mercredi 14 *août* 1816 ; *île et port de Saint-Thomas.*

A midi, j'ai fait porter mes effets à bord d'un schooner américain allant à Norfolk ; (Virginie.)

Nous devions mettre à la voile aujourd'hui, mais le départ est retardé jusqu'à demain.

L'hivernage se fait sentir depuis quelques jours. C'est la saison des mauvais tems. Heureux qui n'a point à naviguer entre les tropiques, à cette époque de l'année, et qui jouit en paix des douceurs de la vie dans un agréable séjour !

Multi vocati ; pauci verò electi !

C'est la première fois que je ferai un grand voyage en pleine mer, sur une goëlette. Avertis du mal qui nous attend, notre esprit se monte en conséquence. La vie n'est qu'une école de résignation; l'expérience y rend les leçons plus faciles; et comme on a moins à perdre à mesure qu'on avance en âge, il semble que ce doit être un motif de plus pour supporter avec patience et la rigueur du sort et les circonstances acerbes.

La vie consiste dans la santé: quand celle-ci est détruite et ruinée, la première est finie; on devient à charge à soi-même et aux autres. Le poids de l'existence est insupportable; surtout pour ceux qui, loin d'espérer quelque chose d'heureux, ne doivent au contraire, attendre chaque jour, qu'un surcroît de peine et de douleurs; particulièrement s'ils n'ont aucun lien qui en adoucisse l'amertume, et les intéresse au bien-être d'un enfant, d'une épouse, d'une maîtresse, ou d'un ami.

Le poids du jour est pour les rois, comme pour le laboureur; comme pour celui qui, dans un abandonnement complet, ou sur la terre de l'exil, s'achemine aux ardeurs du soleil, par les sinuosités des routes de campagne, sans savoir quel toit lui prêtera son abri la nuit prochaine; comme pour le malheureux estropié que la violence des tourmens arrête solitaire, près de la mare dont l'eau bourbeuse lave sa plaie invétérée, libre de ses haillons putréfiés!

Louis XIV, au faîte de la grandeur, avait perdu le goût de toutes les voluptés : madame de Maintenon nous révèle, à ce sujet, qu'il n'est pas de supplice pareil à celui d'être condamné à amuser quelqu'un *qui n'est plus amusable !* Tandis que la foule insensée la supposait heureuse, au-delà de l'expression, et transportée au troisième ciel, nous savons d'elle-même, qu'elle sentait aussi le poids du jour ! Darius fut réduit à se désaltérer avec l'eau infecte des marais : Marius à s'y plonger tout entier : Annibal à se cacher : Pompée à solliciter l'appui de ses protégés ; ses fils à vivre dans les cavernes : Caton à arracher ses nobles entrailles : Socrate à boire la ciguë : Cléopâtre à offrir son sein royal à la morsure de l'aspic : César, l'immortel César, à périr par les mains de son propre fils : Colomb, vainqueur de l'Atlantique, à la traverser, courbé sous le poids des fers : Jacques II à vivre dans le creux d'un vieux chêne : Bélisaire à mendier : Denys le Tyran à s'associer avec des bateleurs : Tippo-Saïb à livrer ses enfans en ôtage : Louis XVI ! Antoinette ! Elisabeth ! Enghien ! .... ma plume se refuse à tracer vos malheurs !!!

INSCRIPTION

Pour le monument à élever, en mémoire de S. A. S. Monseigneur le Duc d'Enghien.

PRÆCLARO DUCI
D'ENGHIEN,
FRANCORUM
ET STIRPIS SUÆ REGIÆ,
QUONDAM
MAXIMA SPES!
FRENATO TYRANNO,
GALLIA LIBERATA,
MEMOR:
HANC PENÈ ARAM
INSTITUIT;
AUSPICE, LUDOVICO XVIII;
ANNO
M. DCCC......

B. S. B. D. M. D. L.

Jeudi 15 *août* 1816; *trajet de Saint-Thomas à Norfolk (Virginie.)*

A midi, sous voile; beau tems, les vents à l'est.

Me voilà enfin hors de Saint-Thomas, moyennant la bagatelle de cent vingt-cinq fr. des colonies, pour un passe-port!

Apparemment que ces passe-ports sont délivrés le compas à la main: à mesure qu'ils embrassent une plus grande distance, la demande s'accroît en proportion:

Pour Sainte-Croix, 2 gourdes et demie.

Pour Porto-Rico, 4 gourdes.

Pour Norfolk, 10 gourdes et demie.

Pour France, 16 gourdes! etc. etc.

Il faut que tout le monde vive! Henri IV, en disant ce bon mot, avait du moins quelque sujet de consolation; mais le pauvre diable qui ne possède que quelques gourdes, et à qui l'on en demande dix et demie pour un chiffon de papier!

Les plus forts ont fait la loi!

A cinq heures du soir, nous sommes encore en vue de Saint-Thomas, et nous apercevons dans l'ouest, Crabb-Island, qui avoisine Porto-Rico.

Le rocher, dit la Caravelle, nous reste au midi; nous allons passer à l'est de ce rocher, pour prendre le passage de Drake, et nous élever au nord.

Nous sommes par 18 degrés 18 minutes de latitude nord; et 65[d] 24[m] de longitude, méridien de Londres.

L'extrémité ouest de Saint-Thomas n'est qu'une roche aride, coupée à pic sur le bord de la mer.

L'île de Saint-Thomas a quatorze milles de long, sur cinq de large.

A sept heures du soir, nous passons près de l'île nommée le petit Saint-Thomas; on entend les cris des oiseaux de mer qui s'y retirent en prodigieuse quantité.

Dirarûm nidis domus opportuna volucrûm.

VIRG. *æn. lib.* 8.

Vendredi 16 *août* 1816 (*à la mer*); *trajet de Saint-Thomas à Norfolk.*

Le tems a été extrêmement beau toute la nuit et ce matin; nous avons continuellement filé au-dessus de six nœuds.

A midi, nous sommes par vingt degrés 20 minutes de latitude nord; et environ 66 degrés 30 minutes de longitude, méridien de Greenwich.

Je me suis, à regret, éloigné de Porto-Rico, dont nous distinguâmes, hier au soir les côtes orientales, vers le coucher du soleil.

Si j'avais été informé plutôt, non de la fertilité et de la salubrité de cette île, qui m'est connue depuis longues années, mais de la facilité de s'y établir, et du peu d'argent nécessaire pour y acheter des terres, j'y serais maintenant heureux et fixé, du moins pour un tems; car on ne peut se cacher que cette île suivra la destinée des autres, et que les établissemens n'y sont pas plus solides qu'ailleurs; ce qui est véritablement à regretter.

Porto-Rico a le prix sur toutes les autres îles. Le climat y est d'une salubrité sans égale, j'en eus hier, une nouvelle preuve entre mille.

Un jeune homme venant de Porto-Rico, se présenta dans une société où je me trouvais; il avait quitté Saint-Thomas depuis deux mois seulement, dans un état désespéré; il était alors pâle, décharné, et de la plus triste apparence; on a été le plus surpris du monde, en le revoyant gras, frais et vermeil.

Les Espagnols, loin de gêner et d'inquiéter les étrangers, les encouragent et les aident. Le jeune homme en question, est un américain qui était *mate* (second) sur un navire, perdu à la côte nord-ouest de Porto-Rico, en janvier dernier; il a trouvé secours, hospitalité et générosité chez les Espagnols; il peut dire aujourd'hui qu'il est propriétaire aisé.

A quelque chose malheur est bon!

Samedi 17 *août* 1816 (*à la mer*) ; *trajet de Saint-Thomas à Norfolk.*

Nous continuons à jouir de cette riante sérénité qui règne d'ordinaire entre les tropiques. Elle est doublement agréable dans la saison de l'hivernage, où l'on doit s'attendre à des ouragans. Il y a un an que Saint-Thomas en éprouva un violent, à l'époque de l'année où nous sommes. Vers le même tems (le 7 août), la flotte de la Jamaïque fut dispersée, et perdit un grand nombre de navires. J'étais en mer alors, peu éloigné des parages où cette flotte eut tant à souffrir.

Des débris de vaisseaux et de canots, et de leurs cargaisons, flottaient de toutes parts; le coup-d'œil était effrayant.

Aujourd'hui la vague, le vent, les courans nous favorisent, et nous poussent de concert. Notre goëlette vogue légèrement sur les eaux, parcourant à peu près trois degrés, ou soixante lieues par jour.

Nous passerons vraisemblablement dans la journée sous le tropique nord; ce qui nous placera hors des mers des Antilles.

La Havanne, point le plus nord de ces îles, est compris dans la zone torride.

En traversant cette partie de l'Océan qui est entre les Etats-Unis et les îles Caraïbes, on voyage véritablement dans le grand désert. Il est rare que l'on rencontre un seul navire. Ces parages se trouvent hors de la route des vaisseaux pour aller d'Europe aux Indes Orientales ou Occidentales, ou revenir de ces mêmes pays en Europe.

A midi, nous sommes par 22^d 55^m de latitude nord; et 67^d 59^m de longitude occidentale, méridien de Londres.

Dimanche 18 *août* 1816; (*à la mer*); *trajet de Saint-Thomas à Norfolk*.

Le tems est aussi beau qu'hier; notre marche ne se ralentit point. Cette nuit, nous avons filé dix nœuds. Le schooner, soutenu par le vent, cingle rapidement et sans secousse, incliné à babord. Nous pouvons, sans difficulté, jouer aux échecs; cela fait passer un moment. Mieux vaut mille fois jouer ici, malgré tous les dangers de l'élément perfide, que de faire la partie à la Régence, ou à Valois, au milieu des espions du tyran Buonaparte.

La mer, légèrement agitée par le vent

d'est, réfléchit l'azur des hautes régions éthérées ; le flot qui se couronne avec un doux murmure, y dessine des écailles d'argent, brillantes de l'éclat du soleil, mille fois répercuté par l'infatigable mobilité des ondes.

Quelques alcyons et des poissons volans sont les seuls habitans du désert que nous traversons.

A midi, nous sommes par 25d 15m de latitude nord; et 68d 45m de longitude occidentale, méridien de Londres.

Notre navigation est telle, et réunit si complétement tout ce que l'on peut souhaiter d'agréable à la mer, que j'éprouve cette sorte d'inquiétude que doit ressentir un homme comblé des faveurs de la fortune, plein de santé, et dans l'âge brillant de la vie : il voit trop bien qu'il ne peut que perdre; cette idée seule flétrit ses plaisirs, et le porte à la mélancolie.

De même, je songe tristement que notre navigation ne peut qu'empirer, et que la plus légère altération quelconque doit infallibilement porter atteinte à notre situation, par la perte successive ou momentanée des avantages que nous cumulons au *nec plus ultrà!*

Lundi 19 *août* 1816; (*à la mer*) ; *trajet de Saint-Thomas à Norfolk.*

Nous approchons des parages redoutés par les navigateurs : ils comprennent une zone d'environ cinq ou six degrés, et s'étendent du 28me degré de latitude nord jusqu'au 33me ou 34me. C'est le *horse-latitude;* j'en ai déjà fait mention en exprimant combien la navigation y est difficile et dure. Cet intervalle qui sépare les vents alisés des parages où la brise de l'ouest a coutume de souffler, est sujet aux vents variables, aux calmes et aux tempêtes : ces dernières y sont violentes et tourbillonnaires, lorsqu'il y a collision entre les deux forces opposées de l'est et de l'ouest, simultanément déchaînées.

En octobre 1815, je fus très-près de périr sur ce malheureux théâtre de leurs fureurs ; j'allais de Philadelphie à la Martinique, sur le navire L.....

Nous fûmes en danger trois jours et trois nuits, particulièrement durant la dernière de ces nuits, où un orage affreux, l'exaspération des vents, les éclairs et le tonnerre, joints aux bouillonnemens de la tourmente, nous laissèrent, une partie du tems, presque dénués d'espoir.

Dans ces mêmes parages on éprouve des calmes lorsque les vents d'est et d'ouest viennent expirer à leurs limites respectives.

Aujourd'hui la brise a diminué de sa force; je crains que nous ne perdions, dès demain, les vents alisés qui nous étaient si favorables.

Nous sommes présentement à moitié chemin de Saint-Thomas à Norfolk, par 27^{d} 23^{m} de latitude nord, et 70^{d} 9^{m} de longitude occidentale, méridien de Londres.

Quoique le ciel soit aussi beau qu'il a coutume d'être entre les tropiques, néanmoins la différence du climat est déjà sensible, surtout le soir, où la fraîcheur se fait sentir à un degré inconnu dans les Colonies, à moins que ce ne soit sur des points très-élevés.

A deux heures, nous avons rencontré le brick américain, le *Commerce*, allant de New-Yorck à Sainte-Croix, en mer depuis dix-sept jours. Il a mis en panne pour nous attendre, ayant besoin de connaître la longitude. Par la sienne, il se trouvait à deux degrés et quelques minutes plus au vent qu'il n'était par la nôtre; et comme nous n'avons quitté le port que depuis quatre jours, ayant suivi la même direction avec le même vent, tandis qu'il a dix-sept jours de mer, il n'y a pas le plus léger doute que l'erreur ne soit de son côté.

Une erreur de deux degrés depuis dix-sept jours! A quoi servent tous les calculs pour la longitude, particulièrement sur les vaisseaux du commerce?

Prenez-moi un bon chronomètre; vous épargnerez du tems, et vous aurez d'infiniment moindres erreurs.

Je me suis étonné qu'un marin fût venu tropiquer à cent lieues sous le vent du point de sa destination; il devait, au contraire, attaquer le tropique, au moins à deux degrés au vent du méridien de ce lieu, pour arriver plus vite et plus facilement.

Mardi 20 août 1816; (*à la mer*); *trajet de Saint-Thomas à Norfolk.*

Toujours les vents d'est, quoique soufflant avec moins de force, et respirant leurs dernières haleines. Belle mer, tems superbe; la chaleur très-forte sur le pont.

A dix heures du matin, une goëlette en vue, à deux lieues sous le vent.

Déjà nous nous apercevons d'une plus grande longueur des jours, en comparaison de leur durée entre les tropiques.

A midi, nous sommes par la latitude de 29^d 9^m nord, et 71^d de longitude occidentale, méridien de Londres.

Mercredi 21 août 1816; (*à la mer*); *trajet de Saint-Thomas à Norfolk.*

Depuis que nous avons commencé notre navigation, j'aurais pu constamment écrire en tête de mon journal, comme Voltaire au bas de chaque page du théâtre de Racine : *Beau, charmant, superbe, admirable!*

A midi, nous sommes par 30ᵈ 49ᵐ de latitude nord, et environ 72ᵈ de longitude occidentale, méridien de Londres.

Les vents au sud-est-quart de sud.

Jeudi 22 *août* 1816; (*à la mer*); *trajet de Saint-Thomas à Norfolk.*

Les vents alisés viennent de nous quitter, après nous avoir poliment accompagnés jusque par-delà du 31ᵐᵉ degré de latitude nord.

Nous n'avons éprouvé ni les calmes, ni les coups de vent, ni les vents variables auxquels on est exposé dans les parages où nous nous trouvons.

Hier, nous avions encore les mêmes vents de sud-est avec lesquels nous mîmes en mer, de Saint-Thomas. Aujourd'hui nous avons les vents de sud-ouest, qui, avec ceux d'ouest et de nord-ouest, dominent sur l'Atlantique, au nord de 30ᵈ de latitude septentrionale.

Nous allons nous trouver tout à l'heure entre deux points malheureusement renommés par les coups de vent, les bourrasques et les tempêtes que l'on a coutume d'éprouver lorsqu'on navigue à leur portée; à plus forte raison doit-on les attendre en passant entre les deux : les Bermudes, et le cap Hatteras.

A midi, le tems couvert n'a pas permis de prendre hauteur; mais, par approximation, nous sommes aujourd'hui en latitude de 32^{d} nord, et 74^{d} 30^{m} de longitude, méridien de Londres.

L'aspect du ciel est moins beau qu'à l'ordinaire, quoique le tems soit encore passable. Nous portons le Cap en route, filant trois nœuds.

Nous avons joui pendant une semaine entière d'une navigation si complétement heureuse, qu'il serait impossible d'y pouvoir joindre un seul agrément de plus.

A deux heures, rencontré une goëlette de Baltimore (armée d'un canon de 18, à pivot), allant à la Havanne, (suivant son dire). Je pense que si nous eussions été Espagnols, au lieu d'être Américains, c'en était fait de notre navire, et de sa cargaison, et des effets des passagers.

Les hirondelles de mer commencent à se montrer.

Vendredi 23 août 1816; (*à la mer*); *trajet de Saint-Thomas à Norfolk.*

Le ciel a repris sa sérénité; hier, la soirée fut belle; la brise de sud-est soufflant de nouveau, nous filions sept à huit nœuds, vent-arrière.

Aujourd'hui, vent de sud, belle mer; température douce et agréable.

A midi, notre latitude est par 34^d 15^m nord. Longitude, environ 75 degrés, méridien de Londres.

Nous sommes présentement dans le courant qui porte le nom de *Gulf-Stream*, en direction nord-est au point où nous nous trouvons.

Le navire porte le cap au nord-nord-ouest; suivant les probabilités, nous serons ce soir dans les sondes, et l'on pourra trouver fond par quarante brasses d'eau.

Demain, si le vent se soutient, nous pouvons, dans la soirée, voir le feu du cap Henry, à l'ouvert de la Chésapeak; entrer dans cette baie dimanche, et mouiller à Norfolk le dixième jour, depuis notre départ de Saint-Thomas.

Samedi 24 *août* 1816; (*à la mer*); *trajet de Saint-Thomas à Norfolk.*

Hier soir, nous fûmes menacés de mauvais tems, mais après quelques grains, l'horizon s'éclaircit de nouveau, et nous continuâmes à faire bonne route jusque vers deux heures de nuit. Alors les vents passèrent précisément à la direction que nous devions prendre pour entrer dans la baie de Chésapeak; ce qui nous obligea de naviguer au plus près. Du reste, le tems est beau, mais nous serons privés de voir aujourd'hui le cap Henry, dont nous aurions eu connaissance dans la soirée.

A midi, la hauteur a donné 35 degrés

30 minutes de latitude nord, et 75 degrés de longitude ouest, méridien de Greenwich.

Dimanche 25 *août* 1816; (*à la mer*); *trajet de Saint-Thomas à Norfolk.*

Nous ne pouvons parvenir à faire ce dernier degré qui nous sépare de la terre américaine. Aujourd'hui le calme nous a surpris, et semble ajouter encore à l'ennui du dimanche.

Nous sommes suivis par ces hirondelles de mer qu'on désigne en anglais, sous le nom de *mother-kerry-chikens*. En leur jetant à manger, on a le plaisir de les voir marcher sur l'eau avec une étonnante facilité.

A juger par ce que j'observai l'an dernier, vers cette même époque du mois d'août, nous n'entrerons dans les sondes qu'après avoir été abandonnés par ces oiseaux.

A midi nous étions par 37^{d} de latitude nord, et 76^{d} de longitude ouest, méridien de Greenwich.

A six heures, nous sommes encore en calme plat.

C'est la fête de Saint - Louis ; j'ai bu à la santé du Roi. Nous étions huit à table : trois américains, un anglais, un allemand, un créole de la Guadeloupe, un français, depuis long-tems à l'étranger, et moi ; il semblait que l'on ne savait ce que je voulais dire en parlant de la Saint-Louis. Il n'y a de pire sourd que celui qui ne veut pas entendre.

Et vox audita est in deserto ! ! !

Lundi 26 *août* 1816; *(à la mer)*; *trajet de Saint-Thomas à Norfolk.*

Ce matin nous étions encore en calme, sous une épaisse brume qui ne s'est dissipée que vers les dix heures : la brise alors s'est levée au sud-ouest.

A midi, nous filons cinq nœuds; le cap vers l'entrée de la baie de Chesapeak. Nous verrons probablement la terre ce soir. Notre latitude est 37^{d} 0^{m}, et la longitude 76^{d} 23^{m}, ouest, méridien de Londres.

Le point s'est trouvé faux hier, puisqu'il nous supposait dans les sondes, tout près de terre. Néanmoins en sondant, l'on n'a point eu de fond. Je pense que l'erreur, qui ne laisse pas d'être considérable, provient de ce qu'en traversant le *Gulf-Stream*, qui porte au nord-est, dans la partie où nous le passions, on aura négligé de déduire ce qu'il nous faisait perdre en longitude, ou que l'évaluation aura été beaucoup trop faible.

A trois heures, le pilote est venu à bord, à trente milles de terre. La sonde a indiqué treize brasses, fond de sable rouge.

A sept heures, un ciel très-noir annonçait la tempête ; nous en avons été quittes pour quelques grains, accompagnés de tonnerre et d'éclairs.

A neuf heures du soir, nous avons enfin aperçu le feu du cap Henry, placé à la pointe méridionale de l'entrée de la Chesapeak.

Mardi 27 *août* 1816 ; (*à la mer*); *trajet de Saint-Thomas à Norfolk.*

A six heures du matin, nous n'étions pas entrés dans la baie, les vents ayant passé au nord-ouest, ce qui nous oblige à courir des bordées. Sept à huit voiles sont en vue.

Je revois le cap Henry dont je côtoyai la rive sablonneuse, il y a aujourd'hui même trente-cinq années. Je montais *la Victoire* (capitaine d'Albert-Saint-Hyppolite), faisant partie de l'escadre du comte de Grasse, en 1781.

Le 1er septembre à une heure du matin, l'armée auxiliaire française, commandée par le marquis de Saint-Simon, composée des régimens d'Agénois, Gatinois et Touraine, s'embarqua sur les canots et chaloupes de l'escadre, et sur quelques navires marchands. Après avoir traversé la baie par un tems affreux et un violent coup de vent, elle remonta la rivière de James, passa la nuit au bivouac sur la rive droite, se rembarqua de bonne heure le 2, et fit sa descente à James-Town, sur la rive gauche du fleuve, où elle campa.

Mais sur ce que l'on acquit la preuve que des cadavres avaient été à dessein, jetés dans les puits, l'armée leva le camp immédiatement.

et se rendit à Mean, où elle dressa ses tentes pendant quelques jours, unie aux milices du marquis de La Fayette, et sous les ordres de ce général. Peu après, elle établit son camp à Williamsburg, entre les rivières de James et d'Yorck, où elle resta en face de Cornwallis, à trois lieues de son armée de douze mille hommes, jusqu'à l'arrivée des forces sous les ordres de Washington et du lieutenant général comte de Rochambeau.

Siége de Yorck-Town. (*Virginie.*) *Octobre* 1781.

1er septembre, descente de l'armée de Saint-Simon. 3,400 hommes.

3 septembre, jonction avec La Fayette.

29 septembre, jonction des armées combinées de Washington et Rochambeau avec La Fayette et Saint-Simon, à Williamsburg.

Cornwallis bloqué par terre et par mer, dans Yorck-Town.

Armée française, 8,000 hommes;

Idem américaine, 13,000 hommes, dont environ moitié milices.

30 septembre, marche de Williamsburg à Yorck-Town.

Ligne de circonvallation devant Yorck; les Français au centre et à gauche, au-dessus de la ville.

Américains à la droite.

Glocester (en face de Yorck) cerné par le duc de Lauzun, avec sa légion et un corps de milice sous le général Wieden.

Dans la nuit du 6 au 7 octobre, tranchées ouvertes par les deux armées, à trois cents toises de la place; attaques poussées avec vigueur; cent pièces d'artillerie de siége en batteries.

Le vaisseau de ligne anglais le *Charon*, brûlé à boulets rouges, par les batteries de la tranchée du régiment de Touraine.

Dans la nuit du 11 octobre, seconde parallèle ouverte à cent cinquante toises des fortifications.

14 octobre au soir, prise de deux fortes redoutes, à cent cinquante toises en avant de la gauche des Anglais. Les Français et les

Américains font séparément leurs attaques, et réussissent de part et d'autre.

Cornwallis jugeant qu'il ne pourrait résister aux batteries de la seconde parallèle, tente d'en interrompre les travaux par un feu terrible de tous ses obusiers et petits mortiers.

16 octobre au matin, les Anglais font une sortie où ils sont repoussés avec perte.

Tandis que les Alliés poussent vivement les travaux du siége, plusieurs vaisseaux de ligne français remontent la rivière d'Yorck pour les seconder.

Cornwallis envoye des brûlots sans le moindre succès.

17 octobre, la brêche devenue praticable, Cornwallis est sommé de se rendre: ce général propose une armistice de vingt-quatre heures, afin que des commissaires puissent convenir des termes d'une capitulation.

19 octobre, les Anglais remettent les portes d'Yorck et de Glocester.

L'armée de Cornwallis, composée de douze mille hommes, est faite prisonnière de guerre.

Elle défile entre les Français et les Américains; les Français ayant la droite.

L'armée anglaise était composée de quatre régimens hessois, de plusieurs régimens d'infanterie anglaise, d'un régiment des gardes anglaises, d'un corps d'infanterie légère, et de la cavalerie de Tarleton.

La frégate la *Guadeloupe* et un grand nombre de transports furent remis aux vainqueurs, avec une nombreuse artillerie de siége et de campagne.

Le général Cornwallis demanda d'expédier un vaisseau non sujet à recherches, afin de pouvoir sauver les américains qui avaient suivi le parti du Roi.

Immédiatement après la reddition d'Yorck-Town, l'armée auxiliaire, aux ordres du marquis de Saint-Simon, fut embarquée sur l'escadre du comte de Grasse et transportée à la Martinique.

Je passai d'Yorck - Town jusque près du cap Henry, à bord de la frégate l'*Iris* (prise anglaise), capitaine Traversay, d'où je fus embarqué sur le *Languedoc*, de 90 canons, commandé en chef, par le vicomte de Monteuil, chef d'escadre.

Armée de Rochambeau en Amérique.

Infanterie. — Les régimens de Bourbonnais, Royal-Deux-Ponts, Saintonge et Soissonnais.

Cavalerie. — Légion de Lausun.

Artillerie. — 1er bataillon d'artillerie.

Article de la capitulation du 19 *octobre* 1781, *entre Washington et Cornwallis.*

Art. III. At two o'clock precisely, the garrison of Yorck, will march out to a place to be appointed, with shouldered arms, and *colours cased*; they are then *to ground their arms* and surrender themselves prisoners of war, to the combined forces of America and France.

TRADUCTION.

Art. III. A deux heures précises, la garnison sortira d'Yorck (le soldat, mousquet sur l'épaule), et se dirigera vers le lieu qui lui sera désigné, pour y mettre bas les armes, et se rendre prisonnière de guerre aux forces combinées d'Amérique et de France. L'armée anglaise défilera, ses étendards non flottans.

FIN DU SECOND VOLUME.